当这些默默无语的朋友离开时，最令人难以忍受的，就是它们带走了我们生命中许多年华。

——约翰·高尔斯华绥

再见了，我的宠宠

Lost Companions

当心爱的宠物离世，要如何与它们好好告别

[美] 杰弗里·马森 著
胡妮 华道阳 陈焱云 译

金城出版社
GOLD WALL PRESS
中国·北京

图书在版编目（CIP）数据

再见了，我的崽崽：当心爱的宠物离世，要如何与
它们好好告别 /（美）杰弗里 · 马森著；胡妮，华道阳，陈焱云译 .
—北京：金城出版社有限公司，2023.2
书名原文 : Lost Companions
ISBN 978-7-5155-2369-9

Ⅰ . ①再… Ⅱ . ①杰… ②胡… ③华… ④陈… Ⅲ . ①心理学 Ⅳ . ① B84

中国版本图书馆 CIP 数据核字（2022）第 194660 号

再见了，我的崽崽：当心爱的宠物离世，要如何与它们好好告别

著　　者	[美] 杰弗里 · 马森
译　　者	胡　妮　华道阳　陈焱云
责任编辑	许　姗
责任校对	高　虹
责任印制	李仕杰
开　　本	880毫米 × 1230毫米　1/32
印　　张	7
字　　数	140千字
版　　次	2023年2月第1版
印　　次	2023年2月第1次印刷
印　　刷	天津旭丰源印刷有限公司
书　　号	ISBN 978-7-5155-2369-9
定　　价	49.80元

出版发行	金城出版社有限公司　北京市朝阳区利泽东二路3号　邮政编码　100102
发 行 部	（010）84254364
编 辑 部	（010）64391966
总 编 室	（010）64228516
网　　址	http://www.jccb.com.cn
电子邮箱	jinchengchuban@163.com
法律顾问	北京市安理律师事务所　18911105819

目 录

前言

当告别时刻来临

我刚读完弗朗斯·德·瓦尔的一本好书《最后的拥抱：动物与人类的情绪》，书名源自一个非同寻常的时刻：黑猩猩环抱着人的脖子，长长的手指在他脑后轻轻拍动。这是荷兰皇家伯格斯动物园的一只母猩猩，大家叫它玛玛。多年来，它与荷兰动物学家简·范·胡弗关系密切。玛玛还差一个月就59岁时，身体状况恶化，恐怕不久于人世。它的动物学家朋友也年近80了。他们相识40多年，但已阔别多年。胡弗一听到玛玛情况不妙，便赶了过来，与它道别。这件事发生在2016年，在场之人用手机拍下了当时的场景。真是令人震撼啊。

柏格斯动物园的黑猩猩生活在一座森林岛屿上，这是世界上的动物园中最大的一座岛（但我觉得，这仍是某种形式的禁锢，不过还是改天再讨论这个吧）。但玛玛现在住在一个笼子里，因为护理员必须想办法喂它吃点东西。但它躺在草席上，一动不动，不吃不喝。接下来一幕被镜头捕捉下来，已被观看了1000多万次，太令人心碎了。

护理员举着一把勺子，想要喂玛玛，但它不肯吃，也不肯喝，无精打采，几乎毫无反应，它看起来随时都会离去。但就在这时，胡弗来了，开始抚摸它。慢慢地，它开始振作起来，然后抬起头来，它看起来有点困惑，好像不明白来人是谁。但后来，它似乎认出了胡弗，突然高兴地尖叫了一声。胡弗拍着它，一遍又一遍地说："是我，是我，我来了。"玛玛扬起一张大大的笑脸，伸出手来，用手指轻轻地抚摸他的脸，用手指梳理他的头发。胡弗温柔地呢喃着，安慰它，让它它心。他抚摸着它的脸，玛玛也一遍又一遍地摸着他的头。胡弗说："是我，玛玛，是我。"玛玛把胡弗拉近自己，直到他们脸颊相触。显然，他们都感动得无法言语。然后，玛玛又蜷缩起来，像个婴儿一般。几周后，玛玛去世了。

我相信，我们会为这份跨越物种的爱哭泣，是一种深厚而古老的渴望，将一个物种与另一个物种的成员联系在了一起。是奇迹，让人类可以轻松地与猫和狗建立联系，有许多人也与马和鸟关系亲密，还有一些人则与真正的野生物种建立了联系，所有这些我都将在本书中写到。但我要在这本书里讨论的，不仅有我们面对这种奇迹的惊讶与欣喜，还有我们最终将多么舍不得断开这种联系，就像我们被迫离开心爱之人一样。没有什么比面对心爱之人的离世更令人心碎了，无论是父母、孩子、朋友、配偶，还是你将其当作家庭成员一样爱着的宠物。我们从"黑猩猩玛玛的最后一次拥抱"这个视频中看到的是，这种联系也可能会发生在一只野生动物身上。死亡似乎是最大的平衡器，谁哀悼谁并不重要，因为双方的悲痛都是深刻的、可触摸的。

当我埋头写作这本书的时候，我做了西格蒙·弗洛伊德所说的“一个大梦”，一个意义重大的梦。一个女人身背装满羽箭的箭袋，手持弯弓，突然出现在我和妻子莱拉的面前。我知道她就是死亡天使。她提出要给我另一种生活（我不明白是一种不同的生活，还是延长我的生命），前提是我允许她用箭射中我的心脏。“会很痛，还会流很多血。”她说。但结果是我可以继续活很长时间。我同意了，但她何时射出箭不清楚。后来，在梦里，我与我23岁的儿子伊兰一起在山里骑自行车，我的自行车掉了一个轮子，伊兰到一个山洞里去修理车轮。突然，天色巨变。我知道这一刻来了，我有一种在现实生活中从未有过的感觉，既恐惧又兴奋，我可能再也不会有这种感觉了。我既平静又怕得要死，因为我明白即将发生的事情会极端痛苦。死亡天使又一次出现在我面前，她点点头，好像在说“时机到了”。她从箭袋中抽出一支利箭，拈弓搭箭，瞄准了我的心脏。我强作镇定，心想：“就是现在，这就是毕生最重要的时刻。”我从未如此害怕，但又对接下来的事情非常好奇。突然，我醒了，心脏“扑通扑通”地跳得极快。我仍沉浸在梦中，让我感到震惊的不是与死亡天使的交易，而是当她第二次来找我并且天色巨变时我的感觉。这是我在现实生活中从未体会过的感觉，一种无法描述的梦幻般的感受。虽然这种感觉慢慢淡化，但我始终记得，我不知道如何用语言来形容，也不知道如何将其与我的其他感受进行比较，特别是天色巨变，一片漆黑，又突然亮了，好像有什么重要的事情即将发生。但我知道，世界没有发生任何改变，变化了的只有我自己的命运。当天使第二次站在我面前时，我想死亡并不是结束。现在，我永远不能知道之后会发生什么了，这只是个梦。被射中了会痛吗？我还能再活二三十年吗？

我在写一本关于死亡的书时做了这样一个梦，这对我来说很有意义，尤其是在我心爱的狗狗班吉即将死去的时候。班吉现在和伊兰住在柏林，快 14 岁了。我很想和死亡天使来一番讨价还价，既为班吉，也为我自己。死亡天使就在那里，而我 80 岁的光景就在面前。既然如此，为什么不争取一下呢？当我们的生命即将结束时，还有什么比想要多活几年更人性化的要求呢？这样的愿望也是很普遍的，不仅适用于我们自己，也适用于我们身边的动物伙伴。我们希望它们能活得更久一些，甚至活得和我们一样久。

我们不可能看着地球上所有动物（想想昆虫和爬行动物）的眼睛，并从里面找到我们自己的影子。我们无法读懂每一只动物内心思考的事情，更别说与我们没有眼神交流的动物，更难产生共鸣。但我们与某些动物很能共情，主要是跟猫和狗，也有野生动物，它他们的眼神透露出强烈的感觉，我们轻易就能读懂。

过去对人格化——把严格属于人类的思想和情感加到动物身上——的恐惧，如今已被一些科学家所谓的去人格化——拒绝承认动物和人的相似性，尤其是感情和情感方面的相似性——所取代。正如本书将描述的那样，很可能有些动物比我们能更深刻地感受到某些情感（狗之于爱，猫之于满足，大象之于哀痛），但这是一个尚未充分探索的研究领域。我们与动物之间的相互了解，再没什么时候能比永别之际更深刻的了。那一刻，我们突然明白了某些东西，而它们似乎也明白了。至于那是什么，很难用语言说清楚。这是一种已知的、可以感觉到的、得到承认和理解的，但却很难描述、也很难解释的东西。任何一个经历过自己宠物离世的人都懂我的意思。令人惊讶的是，这种情况也可能发生在我们“陌生”的物种身上，比如鲸鱼。安德烈亚斯·伊尔默在英国广播公司新闻网上发表了一篇文章，讲述美国旅行博主利兹·卡尔森与朋友在新西兰一个偏僻海滩徒步时发现了145头鲸鱼搁浅死亡的故事。

“这是最令人触目惊心的时刻之一。”她告诉英国广播公司，“日落时分，我们来到海滩，发现浅滩上有一些东西。当我们意识到那是鲸鱼时，赶忙扔掉一切，冲过去。”

她说，她以前在野外见过鲸鱼，但“你对此毫无准备，这太可怕了。它们在哭泣，在呼喊，在挣扎，我们却无能为力”。

她的朋友赶紧去找人帮忙。她孤身一人在哪儿，绝望不已。“我永远忘不了它们的哭声；忘不了我和它们一起坐在水里时，它们看着我的样子；忘不了它们是如何拼命想要游回海里，但因身体沉重而越陷越深。”她在Instagram上如是写道。

“我的心都碎了。”

我们这些读者也是。我印象最深的是，鲸鱼向她寻求帮助，就像我们的狗在临终时像我们求助一样。“你什么都不能做吗？”这是我听到的，也是她听到的，她说她的心都碎了，因为唯一的答案是

“不能”，我什么都做不了，只能眼睁睁地看着你离去。

这是一本关于离别的书。我们无力为自己心爱的宠物去向死亡天使讨价还价，但我们并非束手无策。我们能做的不仅仅是看着心爱的伙伴离开这个世界，我们还可以在它们的最后时刻帮助它们，这种帮助对它们意义重大，可能对我们也是如此。当不得不说再见时，我们真的“在那里”，是我们能为它们做的最后一件事。这令人心碎，但每一个最后时刻“在场”的人，都表示很欣慰自己“在那里”，既为他们自己，也为他们心爱的伙伴。

引言

生命共情，让我们成为更好的人

爱了一只猫、一只狗，或其他动物很久，但它突然要离开我们，这是一种迷惘又怪异的感觉，就像我们生命中的某个阶段已经结束。我们如此热爱这只动物，它是我们日常生活中非常重要的一部分，但它即将离开，很快我们将只剩下回忆。它的死亡会给我们带来剜心裂骨之痛，但我们却无能为力。这与跟家人或朋友告别的情况不同，我们可以和他们沟通，追忆往事，甚至聊聊死亡。但是当一只狗感知自己大限将至——我相信它能感知到，它只能看着我们，我们不能完全理解它在表达什么，但无论如何，我们会感到心碎。

我的狗班吉的生命即将走到尽头，我开始思考这个问题。班吉快 14 岁了，是一只金黄色的拉布拉多犬。11 年来，它一直和我、我的妻子莱拉，以及我们的两个儿子伊兰和马努一起生活。拉布拉多犬的平均寿命在 10 岁到 12 岁之间，班吉即将与我们永别。一想到这个，我便难以接受。我开始设想：如果班吉的情况很糟糕，那我只能打电话让兽医来给它打针。我把班吉抱在怀里，却只能眼睁睁地看着它的生命消逝。班吉用疑惑的眼神深深地看我一眼，然后舔一下我。我会这么想是因为我从很多朋友、陌生人，以及读过我描写动物情感生活的书籍的读者那里了解过类似的情况。对于猫和狗等与我们共同生活的动物，没有什么能比它们的死亡更让我们意识到我们与它们之间的深厚感情。它们的寿命相较于人类太过短暂，我们知道它们终将离我们而去，无论怎么努力去接受这个不可避免的事实，我们也还是会受到打击。我试图理解这种心理。也许是因为宠物濒临死亡时需要我们的帮助，它们希望我们能阻止这一切，但这正是我们想做却做不到的事。面对死神，尤其是在这些已经成为我们家人的动物身上看到死亡的影子时，我们是那么无助。在某种意义上，这些动物对于我们的意义甚至大于家人，也许，它们已经成为我们生命的一部分。

当我向朋友们提到我想写一本讨论这个话题的书时，他们与我分享了自己的故事。甚至连我在奥克兰的验光师朋友格兰特·沃特斯也对我说："我想不出有什么比我的狗死去更糟糕的事情了。"他说狗的智商可能不是最高的，但它们的情商绝对是最高的！这一点我完全同意。

在本书中，我想通过反思动物同伴的死亡来探讨这些主题。书中收录了一些我收到的信件、与失去宠物的朋友和为动物实施安乐死的兽医的谈话。我会以宠物猫和狗为重点，但范围不限于此，我也会研究与我们共同生活的其他动物，但我会避免使用"主人"一词。过去，人们期望失去动物伙伴的人迅速走出悲伤；而现在，人们认为为动物伙伴死亡而悲伤是一种健康的、正常的心理。在本书中，我将进一步研究人类失去宠物时的心理。

有人认为猫和狗没有死亡意识，我不确定事实是否如此。这也许只是一种猜测，但我听到和看到的许多观点都表明，猫和狗临终时会用一种特殊的眼神看着人类，仿佛知道这是最后的告别，也意识到将会发生什么。死亡对于它们的意义很可能跟我们认为的一样重要。在我看来，这表明人类与动物的关系比我们认为的要紧密得多，不亚于父母和孩子之间的情感。谁都不想失去亲人，谁也不想失去他们的动物伙伴。我几乎一生都在思考这本书的主题，原因和许多人一样：痛失爱宠。我很小的时候，有过一只心爱的可卡犬，它的名字叫太妃，它陪伴了我很多年。我 10 岁时，发现它死在我们的后院里，那时它还很小。我父母告诉我，它被一个刻薄的邻居毒死了，因为他不喜欢太妃的叫声，也不喜欢看它在我们的院子里跑来跑去。最好的朋友突然离世，我简直要疯了，我相信任何一个孩子遭遇这种事情都是这样。我仍然记得看到太妃尸体的那一刻，我是多么困惑，然后突然号啕大哭，我意识到太妃再也回不来了。孩子可能还不能完全理解死亡，但我完全明白，我最好的朋友已经离开了我，永远回不来了。什么也不能使我感到宽慰，我只是感到心痛。要是我身边的人表示他们理解我的感受，哪怕只是简单地说一句，都再好不过了。但事实恰恰相反，他们告诉我，我所知道的都是假的：太妃在遥远的地方等着我，我们未来还会相聚，而且太妃并没有受苦。但我当时看到了它伸出来的发紫的舌头，狗中毒的时候就会出现这种症状，它是在痛苦中死去的。我花了很长时间才从第一次面临死亡的阴影中走出来。即使现在我已经79岁了，那种失落感令我至今难以忘怀。

“我们在宠物离世时感到悲痛”是热门话题吗？的确如此。最近，《纽约时报》上有一个专栏讨论了这个话题，作者是珍妮弗·韦纳。“总统对狗一无所知，”她在专栏中写道，她的狗温德尔去世时，“感觉就像是世界末日一样。”将人类与动物的关系分为“我们”和“它们”的传统观念已经开始站不住脚了，从流行文化中也可以看出这一点。电影《水形物语》中，人鱼“怪物”比打算毁灭他的科学家拥有更深沉的爱。

我们对动物的了解越多，就越有可能赋予它们复杂的情感和认知。任何非素食主义者（我将在第12章讨论这个问题）在直视猪或牛的眼睛时，都会感觉不舒服。这很像你和你的邻居对视，要了解这一点，不需要做大量的研究，只需要看看就好。这也许很神秘，但并不是未解之谜：动物和我们一样复杂，尤其是在感觉方面。

自20世纪70年代以来，我们对动物的态度发生了很大变化。人们开始意识到，狗和其他动物也是有知觉的，它们完全有能力感受到与人类同样多的痛苦，甚至更多。现在的科学家们也比几年前更倾向于承认我们认识的动物（但不包括我们不认识的动物）有知觉。

因此，如果我们尊重动物的生命，也应该尊重它们的死亡。任何动物的死亡都是一种庄严的仪式。

我想没有人能避免爱宠逝世带来的伤痛。我有许多与动物伙伴之死相关的回忆，其中一次尤其令我印象深刻。多年前，我在印度读研究生的时候，与一只狗建立了一种奇妙的联系。当时，狗妈妈在我家门前被一辆车撞死了。我听到声音，立马冲出去，却发现狗妈妈已经当场死亡，只留下一只几周大的小狗在旁边绝望地哀号。我说不出它是哪种狗，也许就是印度人所说的乡下狗。它看起来像梗犬，个头比较小，浑身白色，但尖尖的耳朵上长着黑色的毛。我把它带回了家，给它取名帕比。于是我和帕比开始了一段长达一年的奇妙关系。不出所料，我成了它的“母亲”。实际上，我就是它的一切，它永远跟在我身边，寸步不离。

然而，它不是一只健康的狗。我当时正在印度攻读梵文博士学位，随着回哈佛大学的日子越来越近，我也越来越担心小狗将何去何从。可以确定的是，我不能把它带回剑桥市。最后，我找到了一个同意收养它的家庭。他们住在乡下，离大学很远。看着它被送走，我心如刀绞。小狗从车后探出头来望着我，眼神哀伤，满是不可置信。它之前从来没有像这样与我分开过。

我师从印度一位优秀的传统学者潘迪特·斯里尼瓦萨·沙斯特里。他精通梵文，但不会说英语。因此，潘迪特和我用古梵文交流，这让旁人感到有趣甚至惊讶。他是个正统的教徒，他信仰的宗教禁止他教外国人学习梵语。但我们互相欣赏，潘迪特同意教我，条件是我必须在早上6点前——一个没人会发现的时间——到他在大学里的办公室。我本就习惯早起，所以这个要求对我来说很简单。

可潘迪特却不让我带帕比，因为他和那些正统的印度教徒一样，对狗有一种偏见：狗是不洁的，人永远不该碰狗。

送走帕比的第二天早上，我按约定时间去拜访潘迪特。我很伤心，并向他解释了原因。看得出来，他并不是很同情我。他把人对狗的这种爱称为“库库拉斯内哈”。经文中并不颂扬这种感情（我后来了解到，只有伟大的印度史诗《摩诃婆罗多》中有一个精彩的故事颂扬这种感情，这个故事我将会在后文讲到）。大约半个小时后，我们听到门口有声音。我们难以置信地看着对方。谁会在这个特殊时刻出现？他们想干什么？我们违规补课被发现了吗？我打开门，但外面没人，冲进来的是兴奋的帕比！看得出来，对于找到我这件事，它欣喜若狂，似乎想把眼前的一切都舔一舔。然而，潘迪特却不敢苟同。他尖叫着跳到了桌子上，以免不小心碰到小狗而遭到玷污。

但后来潘迪特突然意识到，这只小狗在被带到几千米外的地方后，居然一天就找到路返回了空无一人的大学。我们后来听说，有人看到一只小狗跳上了公交车，在大学那一站下了车。于是，潘迪特的态度完全改变了。以能言善辩和善于即兴押韵而闻名的他凝视着小狗，编了一首梵文诗。诗句大意是我和小狗前世就在一起，业力决定我们这一世也一定会在一起。

面对那次奇异的遭遇，我目瞪口呆，仿佛失去了思考能力，我甚至无法想象小狗是怎么找到我的，我把帕比带回家。潘迪特严厉地告诫我：今后无论如何，都不能再抛弃帕比，即使这意味着要在印度度过我（以及小狗）的余生。我勉强接受了潘迪特的劝告，但这是一个两难的选择。那天晚上，我和我最好的朋友罗伯特·戈德曼讨论了这件事。他也是一名梵语研究生，和我一样是爱狗人士。

后来在普纳某个炎热的夏夜，小狗躺在我的腿上，深情地注视着我。找到我后，它明显松了一口气。我只能想象它有多么痛苦，也许是害怕我把它丢下吧？突然，它发出了一声沉重的叹息，小小的身躯颤抖着，饱含爱意的目光凝视着我，那眼神绝不会骗人。那一刻我深深地感动了。它一直注视着我，但神情古怪；突然，它不动了——它死了。

这不是我第一次面对心爱的狗死去，但这次经历让我开始思考宠物的死亡。这些亲密的伙伴进入我们的生活，成为我们家庭的一员。我想了解我们在它们弥留之际感受到的悲伤，并进一步探索我们与它们之间的神秘纽带。

我相信所有读者都会同意我的观点：狗是家庭的一分子。然而，几个失去过孩子和狗的朋友给我写信，告诉我失去孩子和失去狗的感受存在很大差异。他们承认，失去心爱的狗是可怕的经历，甚至可能会产生严重影响，应该引起重视。但他们也说，这与失去孩子完全不同。我无法反驳这一点，因为我没有经历过。但我知道如果失去了孩子，我甚至会觉得活不下去了。他们说的似乎没错，但从另一方面看，我不理解人们为什么要把痛苦拿来比较。面对生离死别，我们被绝望吞噬，我们的大脑无法正常运转了：在发生了如此重大的事情后，我们要怎么好好生活呢？就像电影里一样，出现了一个大裂缝，吞噬了我们的生活。突然间，我们就被空虚笼罩。

虽然每个人都能理解失去亲人的悲痛，但并不是每个人都能体谅失去宠物的悲伤。我们得承认的是，失去动物伙伴会给人造成毁灭性的打击，而且除了失去动物伙伴的当事人，其他人很难理解这种痛苦。甚至有的当事人告诉我，他们会因自己难以走出失去动物伙伴的悲伤而觉得有些难堪。

还有一点我们也不愿承认，动物也会为自己的同伴悲伤，而且正如我们为动物悲伤一样，动物也为我们而悲伤。虽然我们对动物悲伤的了解远不及对我们人类的悲伤的了解，但毋庸置疑，并不是只有人类才会悲伤，有的动物（如大象）甚至能感受到几乎和人类一样强烈的悲伤。悲伤在自然界并不少见，就像在整个人类进化史上时时存在一样。

第一章

很幸运可以和你成为家人

狗和人有一种非常特殊的关系，狗实际上劫持了人类的催产素结合途径，这种途经通常是为我们的婴儿准备的。

——布莱恩·哈尔

我们住在悉尼邦迪的海边，我和妻子莱拉每天早晚都去海滩上散步。每次去的时候，我总是震惊于在草地上散步的狗狗数量之多，它们不被允许进入海滩，它们有的拴着项圈，有的没拴。我总有一种感觉，我像在看一部关于外星人的电影，那个星球上的人也养宠物，他们的宠物也会被拴着，我想："哇！外星人也带着他们的宠物在散步，这些宠物也会用友好的，甚至崇拜的眼神看着他们。显然这些宠物在它们主人的控制之下，但是它们似乎毫不介意。多么奇怪啊！"然后我意识到这正是我们的处境：我们就有这种"野生"宠物，它们完全依恋于我们，但它们对我们来说也是外星人，我们无法完全了解狗的思想。（为了避免猫主子们抱怨，趁着这本书刚开头的时候，让我解释一下：一般来说，我们不会用项圈拴着猫去散步。它们不喜欢这样，我们也不会这么做。至于原因，我们将在后面进一步探讨。）但很明显，这些被拴住的动物正在尽情欢乐，它们就在它们想去的地方，和它们的"主人"待在一起，而我们也很享受。然后，当莱拉和我切切实实走在邦迪海滩那清澈的金沙滩上，再走 1 千米多就到达海滩尽头时，我看到了同样欢乐的场景，但这次没有狗。那是小孩子们在沙滩上玩耍，在用沙子建造城堡，在海浪打过来时建成一个个小小的游泳池。他们尽情地玩耍，尽情地欢笑，跟狗的快乐是一样的。他们的父母也享受着同样的快乐，就像那些狗的主人一样。于是我不禁想，狗和孩子多么像啊。这些孩子中有些还太小，我们其实无法进入他们的大脑，我们不知道他们在想什么，除了知道他们现在很幸福，并且就活在当下。

当然，这并不令人惊讶，因为这是很日常的经历，我们都曾有过的经历。但是，这理应令人惊讶，因为另一个物种如此享受我们的陪伴，谁能想得到呢。当我看着这些狗的时候，我看到的是真正的快乐。如果是在 10 年前，科学家们或许会告诫我："你只是把自己的感觉投射到狗身上。事实上，你不可能知道狗在感受什么情绪。"当然，人们可以提出"情绪是客观的"这样的论点，这在当前很流行，意思是情感是可以测量的、可以被观测到的，但感觉是内在的，只有拥有的人自己才知道。所以，根据这种观点，我们可以知道动物是有情感的，但不知道动物对这些情感"感觉"如何。我觉得这种观点有些做作。我相信几乎每个人，包括提出这种观点的那些科学家，现在都很高兴地承认，"是的，当然，狗狗感到很开心"。和它旁边的人类感觉到的开心一样吗？好吧，我们永远无法确定，至少在挑剔的哲学家的眼中无法确定，但我们可以确定——我能确定——狗感觉到的正是与我们所认知的幸福非常相似的东西。事实上，我愿意更进一步地说，狗能感觉到比我们认知的幸福更美好、更高级的东西，因为它们似乎完全没有其他感觉。那是一种纯粹的幸福，在我看来就是这样。并且我认为这解释了为什么我们如此渴望与狗相伴，它们让我们获得了一种比没有它们时更纯净的情感状态。

莱拉是一名儿科医生，她在我们位于邦迪的家里工作。母亲们带着小孩来找她看病，从新生儿到十几岁的都有。父亲们也来，但大多数是母亲。即使孩子生病了，这些父母也深深地爱着自己的孩子。他们微笑地看着孩子，愉快地谈论着孩子们的滑稽搞笑之事，简而言之，他们爱孩子。这种爱部分源于孩子代表着我们无法重来的过去。没有人记得自己最初的样子，但我们喜欢这样的过去。我们喜欢看到孩子们无忧无虑地玩耍，喜欢看他们全神贯注于自己创造或居住的小世界。他们代表着一种天真——我们成年人可能不记得了，但却仍然渴望着的天真。

我们对狗的情感也是如此（对其他动物亦如此）。是的，我们感谢它们有着与我们自己十分相似的感觉。即使它们长大了，它们似乎也能更直接地进入一个感官上快乐的世界，一个我们无缘进入的世界。狗可以提醒或者映照人类进化之前的样子，因此，我们有些人无法忍受没有狗的生活。当人类还靠狩猎为生时，我们肯定比今天更像狗。我们与一小群人住在一起，大部分时间都在一起和谐相处，对有组织的战争或现今困扰我们的其他社会问题一无所知。也许那时的人类的寿命比现代人短，但他们可能活得更健康、更轻松。那更像是狗的生活。

回到那片给狗狗带来快乐的海滩。我仍然感到惊讶的是，这种日常生活中的奇迹居然没有被更多人认为是奇迹：一个我们无法真正进入其大脑的完全陌生的生物，居然和我们生活在一起，并且比我们更享受这样的生活。这就像《星球大战》里的场景，但却实实在在地发生在这里。多么可爱啊！

我总是在想，如果我们能联系到一个遥远的文明，人们最想知道的是什么。我想这会因人而异：语言学家想知道他们是如何交流的；政治家想知道他们是如何统治的；音乐家想知道他们演奏什么乐器；IT 专家想知道他们的计算机有多复杂，或者是否超出了我们的理解。而我最想知道的是——先确定他们是否消除了战争和暴力——他们与哪些生物生活在一起。他们是否有类似于猫和狗的宠物，他们是否会认为这是对其他动物生活的干涉，就像我们地球上的一些人认为的那样？他们是否与其他生物和谐相处到极致，例如，绝不会把动物列入食谱？我承认，这是我作为一个素食主义者最牵挂的问题。我当然不是唯一一个对与外星人生活在一起的生物感到好奇的人，可能每一个养猫养狗的人都想知道。现代人痴迷于养宠物，并且这种痴迷的人越来越多。

当然，狗从古至今都是人类的朋友。但让我感到惊讶的是，当谈到狗时，我们正生活在一个非常有趣的时代。我记得 20 多年前写作《狗不是爱情骗子》的时候，这个话题极受公众欢迎，但不太受学者欢迎，当时的动物学家、动物行为科学家，甚至兽医，都或多或少地认为我对狗的情感的探索完全是业余的，并且为时过早。

但今天，在美国或欧洲的大学里几乎都设有“狗类认知实验室”，这是科学家们使用的术语，但事实上他们探索的远不只狗的智力、能力。科学家们一直专注于研究“别人”有多聪明，关注于其他生物、其他种族或其他性别与阶级与他们自己是否不同，但还从来没有这么多科学家愿意承认除人类之外的其他动物拥有复杂的情感。看看最近大受欢迎的一些作品吧，比如：赛·蒙哥马利的《章鱼星人》《很好很好的猪》、海伦·麦克唐纳《老鹰代号是 H》、乔纳森·巴尔科姆的《鱼知道什么》和弗朗斯·德·瓦尔《最后的拥抱：动物与人类的情绪》。我们在这条路上已经走得很远了，彼得·渥雷本那本关于植物的情感和社会结构的书《树的秘密生命》已经成为一本不同寻常的国际畅销书。他还写了一本关于动物的书，尽管我为这本书的美国版写了序言，但我必须承认，这本书并没有他那本关于树木的书令人惊讶，这是因为我们更习惯于听到动物情感的复杂性，而他研究的树木让我们突然意识到，有一些深刻的东西是我们以前从未考虑过的，我们感 到智力上的顿悟，一种茅塞顿开的感觉。

那么，我们该怎么理解这种承认人类既不是造物的全部，也不是造物的终极目标呢？好吧，这个问题可能太宏观。具体来说，我们可以简单地问，为什么是狗？为什么是现在？

我认为答案其实很简单：在过去的几年里，最多 10 年，我们对人类和狗这两个物种的共同进化的认识取得了巨大的进步。科学界的普遍共识是狗是第一种被驯化的动物，时间大约是 1 万到 1.5 万年前，大约与植物被驯化和种植的时间相同。但是这个时间一直被从事这类研究的科学家们往前推，目前的共识是狗是在大约2.5万年前被驯化的。某些科学家甚至认为可能在大约3.5万年前就开始了。也许再过几年，这个数字可能就会变成5万年前，这是普遍接受的现代物种起源的时间，也就是智人——只要出现一个智人就绰绰有余了——开始出现的时间。这意味着，人类起源后不久，我们就和狗联系在了一起。所以，这样的想法一点也不奇怪：我们与狗共同进化，同时也学会了爱它们。我很想相信是我发明了共同进化这个词，因为我实在太喜欢它了，它与我的信念同频共振，但我确信，我远谈不上是“第一个”*。

我们的孩子爱我们，部分原因肯定在于他们依赖我们。而对于狗与我们的关系，这种依赖性是相互的。我们可能不依赖孩子，但从远古时期起，我们很可能是依赖狗的：我们睡觉时，它们守护着我们的聚居地，现在仍然如此，甚至经常牺牲自己的生命来保护我们。但它们得到的回 远没有它们给予我们的那么多。因为狗是从狼驯化而来的，在驯化之前，它们完全有能力捕食、保暖、繁衍、交友，并形成一个让种群感到安全的氛围。我们没有给它们这个，但我们确实给了它们别的东西——我们的爱。它们为什么这么想要

* 达尔文谈到了关于花卉和昆虫共同进化的概念；保罗·埃利希于1964年首先使用了共同进化这个术语，但不是与狗。2013年5月14日的《自然通讯》杂志提到，一个研究小组在几个大脑实验（例如，影响大脑处理化学物质血清素的基因）过程中发现了共同进化。

我们的爱？我不确定我是否能找到答案，因为狗与狗之间的感情就像狗与人类之间的感情一样。它们不像猫，有些猫甚至更喜欢人类的陪伴，而不是其他猫的陪伴。很少有狗不想和其他狗在一起，或不喜欢和其他狗嬉戏、奔跑和玩耍。事实上，让我们谦虚点说：我们永远不能像狗一样成为另一只狗的好伙伴。我记得有几次我与狗追逐玩耍时，我的狗会带着某种居高临下的神情看着我，好像在说我比不上他的狗同伴，但它对此很宽容。

是否就像我们喜欢把陌生物种看作自己的朋友一样，狗也是这样想的呢？我这个猜想或许有点疯狂。我们跟狗不一样，我们对它们来说是“另类”，但也许狗也会觉得这很有趣，就像我们接受了它们的“另类”一样。

但仍有许多谜题有待解决。狗不只是在我们对它们友爱的时候爱我们或者想和我们在一起。众所周知的一个悖论是，甚至在面对主人的毒打、伤害或虐待时，狗依然爱自己的“主人”——毫无疑问，一些人就是把自己当作狗的主人。我暂时不想弄清楚人类为何会以这种方式对待狗（可能是因为我找不到答案），而是想问一个更难的问题：狗是如何反应的？它们似乎没有反击。它们并不会真的试图逃到野外去变成狼，或者离开家成为流浪狗。它们似乎温顺地接受了命运，我们并不知道一只待宰的狗的脑子里在想什么。值得思考的是，狗是否已经养成了完全信任我们的习惯，以至于它们直到最后一刻都不能相信我们背叛了它们。

几个世纪以来，重大变化也正在发生。很多国家都成立了反对杀狗吃肉的动物保护组织，而且这些组织的力量与日俱增。人们也改变了对狗的看法，即使在小村庄，也不难看到，狗被当作了人类的同伴，甚至是家庭成员。

因此，当谈到狗时，我认为我们已经到了一个转折点，我们不会回到只把狗当作财产的过去。我觉得这是一件很棒的事情。

在试图理解这一转变的过程中，我偶然发现了一个关于狼和纽芬兰的土著捕鱼人（贝托克人）之间的有趣故事，直到现在，他们似乎一直未“拥有”狗。相反，他们对狼很熟悉。这个故事深刻地讲述了关于狗、狼、友谊、人类和暴力的故事是由17世纪海军上校理查德·惠特伯恩爵士记录的。西班牙无敌舰队派出30艘舰船从西班牙启航入侵英国时，理查德·惠特伯恩爵士曾指挥海军部队中的一艘军舰进行抗击。1588年，弗朗西斯·德雷克爵士击败无敌舰队，被认为是历史上最伟大的海战之一。从1618年到1620年，惠特伯恩应威廉·沃恩的要求，管理“他的”纽芬兰里纽斯殖民地。纽芬兰当时居住着贝托克人，他们靠狩猎采集为生。在17世纪最初接触欧洲人的时候，他们的人数大概是500人到700人。他们每30人至55人生活在一起，形成独立的、自给自足的大家庭。他们就像新西兰的莫里奥里人（被更好战的毛利人征服）一样，是一个几乎完全和平的社区。与许多土著民族不同，他们在贸易中拒绝接受欧洲人提供的枪支。因此，几个世纪以来，他们不断遭到猎杀，而猎杀者纯粹是为了好玩。1829年，他们被正式宣布灭绝。

1620年，为促进岛上的殖民化，惠特伯恩爵士出版了《发现纽芬兰》一书。人们一直认为贝托克人养狗，但事实上他们最初并不养狗，他们养的是温顺的狼。或者说，因为他们对狼的态度，他们能够与狼建立一种关系，甚至能把狼当作狗来养。

以下是惠特伯恩爵士对贝托克人和纽芬兰狼之间关系的描述：

> 众所周知，他们是一个非常长寿但却难以捉摸的族群（就像其他各族群的情况一样）。倘若他们得到温和客气的对待，他们是如此容易驯服，正如人们所公认的那样；但倘若他们或他们的狼被恶意对待，他们是一个会寻求报复的民族。他们在狼的耳朵上打上几个记号，就像英格兰人在绵羊和其他动物身上做记号那样，这里的狼不像其他地方的狼那样凶猛贪婪，我从来没有听任何人说过狼袭击人的事件。

如果这个说法是真的，那我们就知道了一些令人惊讶的事情：这些人能够像今天我们对待狗一样对待野狼。这对我来说很重要，因为这是我在几本书中试图探讨的东西，特别是我的上一本著作《野兽：关于善恶起源，动物能教会我们什么》。我试图理解为什么我们与所谓“他者”建立了敌对关系，比如世界上顶级的掠食者（包括狼）。但有一个例外，虎鲸。到目前为止，还没有虎鲸在野外杀死人的例子，尽管我们已经杀死了成千上万头虎鲸。这种敌意是“自然”的吗？我觉得不是。那是人为的，是由我们一手造成的。我们知道几个世纪前人类和狼之间存有敌意。在挪威，在过去的 200 年里，狼既没有杀死也没有伤害过任何人。但在 1966 年，一名猎人杀死了该地最后一头已知的狼（2016 年，该地共发现了 68 头狼，政府想杀死其中的 47 头）。有一半受访者在回答最近一份问卷时说，他们“很怕狼”。换句话说，这只是一种根深蒂固的偏见，尽管完全不合逻辑，也没有任何证据支持，但这种偏见一直存在。

黄石国家公园黄石狼项目的负责人道格拉斯·史密斯给我写信说：1995 年狼群首次被引入黄石公园，到 2009 年研究结束，这段时间没有狼对人类发动过攻击。

我所能说的是，我们人类是幸运的物种，因为一个野生物种，狼，在某个时候，出于某种神秘的原因，决定把它们的命运与我们的命运联系到一起。在这个过程中，我们拥有了一种爱，两个物种之间独一无二的爱。也正是这种独特的爱使我们对狗的死亡感到如此痛苦。

第二章

它们唯一的过错，
是在我们准备好之前离开

狗给了我们全部，我们就是它们世界的中心，我们是它们的爱、信仰和信任的焦点。它们为我们服务，却只换得残羹剩饭。毫无疑问，这是人类所做过的最好的交易。

——罗杰·卡拉斯

狗当然会老去，但它们也患阿尔兹海默症吗？顺便说一句，“痴呆”这个词我希望不再有人使用，因为这个词与一些令人讨厌的东西联系在一起。也许它们会感到困惑，或者因为太老了而不再像以前的自己。但我相信它们比人类的老人更有韧性，也许是因为它们毕竟是“披着狗皮的狼”（这种说法在科学上并不完全准确），狼似乎不会患阿尔兹海默症。它们的生命没有人类那么长，也许一旦它们表现出认知能力下降的迹象，它们便无法积极参与狼群的生活来维持自己的地位，从而惨遭狼群“抛弃”，所有这些都表明我们对野生动物生命周期的了解是多么匮乏。但我认为狗之所以没有明显的痴呆症，是因为它们通常没有困扰人类的那种焦虑。我们人类之所以焦虑，是因为我们被吹嘘拥有预见未来的能力，我也不能幸免。在79岁的时候，我突然发现自己在思考一些事情，我见过但直到最近都认为与我个人无关的事情，我指的是变老，以某种形式失去一些能力，尤其是心智退化。我在这方面想了很多，于是我请我的女儿西蒙妮给我做个测试，她是一名护理师，她的工作是给可能患有阿尔兹海默症的人进行诊断。她为了使我安心，说我得了满分。

为什么是现在？嗯，我的妻子比我年轻得多，我们有两个儿子，一个18岁，一个23岁。一想到自己会成为他们的负担我就无法忍受。我宁愿像只猫，独自游荡，独自死去，无人注意。嗯，也不是真的去死，只是独自活着，比如说到泰国清迈附近的一个小村庄去，在那里享受阳光、品尝泰国美食、与友好的邻居相处，几乎不引人注意。我的家人可以一年来看我一次，这样我就不会觉得我的衰老对他们的生活有什么负面的影响。不仅仅是猫，其他一些“野生”动物也是如此。我们只能推测其中的原因：也许是为了让整个群体免受单个成员疾病的影响？* 但是当我这么说的时候——在无聊的晚宴上，这是开始聊天的一个好话题，我必须承认，我并不相信自己真的能这样做。我不认为莱拉会把我一个人留在泰国或其他地方。我也不相信，如果她这样做了，我会适应那样的生活并感到非常高兴。我也不相信我的两个孩子会允许我这样做。所以，老了不成为负担——我相信，许多我这样年纪的人都有这样的想法——真的只是一个幻想。这也是我反对安乐死的另一个原因：他们很可能只是因为不想成为家庭的负担而要求这样做，但这不是决定去死的理由。如果有人真的是他们家庭的负担，或者家人如此认为，不管这是真的还是假的，那么我对泰国的幻想肯定比去瑞士安乐死更好。

---

* 我觉得有趣的是，在所有的驯养动物中，只有狗在受到惊吓时会跑向我们，而马和猫会跑走。我在我的许多猫身上看到过很多次这种情况：就像在紧急情况下，它们恢复了它们野生祖先的本性。

关于狗的阿尔兹海默症的文学作品并不多，即使有那么一点，也是不科学、不足以令人信服的。我在网上看过一个视频，是一只看起来患有阿尔兹海默症的狗，但这只是一只在花园里转圈的小个子的老狗。既然这是狗狗熟悉的领域，也许它只是在重复自己一直在做的事情，并以熟悉这一切为乐。

我不知道为什么猫，至少有些猫，在临死前想要独处，但当涉及狗时，有一点是清楚的：没有狗会担心自己是它们的人类家庭的负担。它们只想一直和家人在一起。一位兽医最近匿名发布了一条被广为转发的评论，他说，许多人发现陪他们的狗度过最后时刻是难以忍受的，于是他们离开了房间。而他看到的是，狗疯狂地寻找自己的家人，目光一个接一个地扫过在场之人，因为找不到家人而多么难过。他作为兽医，也为狗的家人不在场而非常苦恼。他恳求他们重新考虑是否要陪伴他们的狗度过最后时刻，即使这会给他们带来痛苦。我同意他的观点。在狗狗的最后时刻，我们应该给予这种安慰，不管这让我们感到多么悲伤。

至于猫的阿尔兹海默症，我找到的信息比狗的更少。我一生中养过很多猫（见我的书《猫咪的九种感情生活》），但不记得有哪只猫患过类似阿尔兹海默症的疾病，虽然我确实注意到，随着猫年纪越来越大，它们对捕猎的兴趣逐渐减少。对此，我很高兴。我愚蠢地认为这是因为我经常责备它们，并恳求它们别再捕猎。猫咪们总是用一种轻蔑的表情看着我，意思是："你以为我会在乎？"然后走出家门去寻找猎物。这也是真的：随着我的猫越来越成熟，它们甚至对离开房子也变得越来越不感兴趣。它们喜欢“心满意足地”——猫语中的主导词汇——坐在窗台上晒太阳，或者躺在人的大腿上，大声呼噜。到了晚上，年纪渐长的它们总是想睡在我们的床上，莱拉和我都认为这是一种荣誉和特权。冬天，它们甚至依偎在被窝里取暖，也给我们取暖。丝毫不见任何类似阿尔兹海默症的迹象。

我们的猫可以粗略分为户外猫和室内猫两种。对此，目前有个争议：统计数据显示，室内猫平均寿命11岁（10岁到16岁之间，但它们有的可以活到20岁），而户外猫不到5岁。这就是为什么美国大多数社区不会让你收养猫，除非你同意把它们关在室内。当涉及猫的寿命时，这个问题更复杂。我们大多数爱猫人士都无法忍受它们从未体验过户外生活，我们为它们留出一扇猫门，这有时被称为人类有史以来最伟大的发明，这样它们就可以去附近探险。当然，我们认为，猫需要接触自然，一直待在室内怎么可能茁壮成长？这在直觉上是有道理的。毕竟，猫在选择接受驯养时的权衡不应该是被监禁。但与此相矛盾的是，许多研究表明，经常在户外活动的猫的寿命更短。* 很少有猫能懂得如何避让汽车。因此，如果我

---

* 事实上，户外猫在幼年时经常被汽车撞死，被狗和其他动物袭击，被为了好玩而猎杀它们的病态人类杀死，类似的情况数不胜数。另一方面，室内猫经常感到无聊，变得肥胖和懒惰，没有机会锻炼其正常行为，等等。大多数兽医认为猫应该被关在室内。统计数字各不相同，但绝对可以肯定的是，室内猫的寿命要长得多。一名英国兽医写道：“事实上，1岁以上的户外猫和室内猫一样，预期寿命也可达到十几岁。”但在英国，它们几乎没有天敌，而在美国有很多。

们喜欢和我们的猫一起度过一年又一年，一起变老，最好让它们远离世界的危险。顺便说一句：很多人也因车祸丧生。

现在我明白了其中的道理。这也是令人信服的，但对于一个在野外不断奔波的动物来说，被限制在室内是不自然的。那些确实表现出兽医所说的“猫科认知功能障碍综合征”迹象的猫总是生活在室内。所以，我认为这种认知功能下降可能不是生物性的，而是有限经验的必然结果。猫咪们可能很无聊。这就是为什么许多住在公寓里和不太出门的家猫的主人现在会用到卡提奥（Catios），这是特别为猫设计的露台，或者为之创造的空间，猫可以从壁架上观察外面的世界，从一个壁架到另一个壁架，有高有低，处处是惊喜。我认为这是一个伟大的想法，可供你的想象力自由驰骋，为你的猫咪同伴提供观察世界的窗口。没有理由不给猫创造一个丰富多彩的环境，像为孩子创造的一样。和猫玩对你和猫都有好处。我的猫喜欢捕食者和猎物的角色扮演游戏。当然，它们是捕食者，我是猎物。所以当我来到拐角处时，它们会埋伏在那里，然后突然跳出来，攻击我的脚踝。它们显然知道这是一场游戏。我也很清楚，通过玩这个游戏，我可以观察到猫的幽默感。它们觉得拦住我并像看到老鼠一样猛扑过来很有趣。对它们来说很有趣，我必须说对我来说也是。伏击我绝对是我的猫最喜欢的游戏。我们很幸运地住在一个没有汽车的海滩上，所以，每到夜晚，当海滩上没有人的时候，我们会去散步，它们会和我以及我们的狗玩伏击游戏。我不确定人类是否能够懂得其中的乐趣，但猫肯定是懂的。

我们不会因为我们的猫忘记使用猫砂盆（我同意这并不令人愉快）或者在房子里漫无目的地游荡，或者似乎无缘无故地喵喵叫而将之随意抛弃。我们很难理解猫的喵喵声，但我相信，总有一天我们会真的明白它们想告诉我们什么，届时我们会难以相信我们竟然一度愚蠢到不明白。我是这样想的：如果会说话，它们会请求（或者更确切地说，恳求）我们让它们和心爱的家人在一起更长时间吗？我们也无法确定动物在野外死亡时发生了什么，这仍然是一个很少被研究的课题，很少有人了解。

事实上，我们对野生动物临死时的行为的理解非常不足。看看不列颠哥伦比亚省维多利亚附近的虎鲸母亲吧。怀孕 7 个月后，它生下了一只雌性幼鲸，却在几个小时后眼睁睁地看着它死去，可能是因为母亲营养不良，由于过度捕捞，该地区几乎没有野生鲑鱼了。虎鲸妈妈抱着死去的幼崽长达 16 天，这是以前从未过见过的，但这并不意味着没有发生过，只是我们没有观察到而已。一次又一次，当幼鲸滑走、下沉时，虎鲸妈妈又把它从深海中捞出来。我们不可能确切知道它当时的感受，我们也不能确定它知道什么，这位母亲知道过去 3 年里没有一只幼鲸出生过，也不是不可能的。

显然，这与人类失去新生婴儿时所感受到的深切悲痛并无二致。在华盛顿进行观察的研究人员意识到了这一点。华盛顿大学保护生物学中心的虎鲸生物学家黛博拉·贾尔斯告诉《华盛顿邮报》："虎鲸必须潜到水下，在幼鲸下沉的时候把它抱起来，带它浮出水面，尽可能长时间地屏住呼吸，然后把宝宝从头顶上放下，这样就可以呼吸了。”贾尔斯在一艘研究船上进行观察，她说：“J35 一再地设法这样做，同时与急流搏斗。”她补充说，这只虎鲸妈妈很可能已经很多天没吃东西了。母亲的奉献证明了像虎鲸这样的群居动物与其后代建立了牢固的联系。“这是真实的，而且是原始的。”贾尔斯说，“很明显有什么事情正在发生。你没有别的方式可以解释。”

这是一只为幼崽死去而哀恸的动物，它不想让幼崽离开，它还没准备好。“这种反应类似于许多人失去孩子时的感受。”贾尔斯继续说道，“这是人们理解的一部分，天呐，如果我有一个只呼吸了几次的孩子，我也会有同样的感觉。我也不想放手。”但是虎鲸对我们来说比狗更神秘。当谈到狗时，我们的立场要坚定得多，这既是因为我们在一起生活的时间长，也是因为我们之间的联系很紧密，没有人和野生虎鲸一起生活过，也没有人目睹过野虎鲸分娩。

狗一般不会像大型猫科动物那样独自流浪着死去。我怀疑这是因为狗太像人类了。它们和人类共同生活了几万年，面对死亡，它们也变得和我们一样。这只是假设，但这是有道理的。还有进一步的证据表明：有一些狗和它们的人类同伴一起变老。一位处于阿尔兹海默症早期阶段的朋友告诉我，当她注意到自己开始有了很轻微的衰老迹象时，她意识到她的狗（不到 10 岁）也开始显示出智力老化的迹象。她想知道这是否真的是生物学上的衰老或者是别的什么东西，她称之为“传染性同理心”。她相信，她的狗对她的需求感觉如此强烈，以致当她开始慢慢变老时，它想和她一起变老，以此来始终陪伴她。我不相信那是真的阿尔兹海默症。

请注意，我们可以从对待狗的方式中学会如何对待人：没有一个人（当然这并不意味着没有这样的人）告诉过我他们想把老去的狗交给老年狗之家，他们都想在家照顾他们的狗。我相信这也是狗的心愿，可以肯定的是，这也是几乎每一个不在家里，而是在疗养院中生活的阿尔兹海默症患者的心愿。也许由于各种原因他们别无选择，但在我看来，这仍然远远不够理想。

我的狗班吉快14岁了。它的智力开始衰退，我远远地看着，我不会说它得了阿尔兹海默症，但显然它的精神状态大不如前了。衰老的主要症状是它在公寓里大小便失禁（它不能自己去花园里了）。伊兰在柏林照顾他，而我们在悉尼，尽管我们几个月前去待了一个月。班吉似乎不太担心自己尿失禁，它就像在外面一样。伊兰一点都不大惊小怪，他把它清理干净。有趣的是，班吉的大便并不完全合格，而是枣核样的小立方体，这几乎是用一种礼貌的姿态表示："我控制不了，但我尽可能让它们好看点。"班吉看起来并不困惑。最重要的是，它的爱的能力丝毫没有下降。它晚上睡在伊兰的床上。我告诉伊兰，如果他找到一个女朋友，而她反对这样的话，就得换一个女朋友。班吉把头靠在伊兰的胸前，用饱含纯洁之爱的眼神凝视着他的脸。班吉正体验着和最亲密的朋友在一起的快乐，就像一直以来那样。

朋友们告诉我，当他们的狗走下坡路时，通常是生理上的表现：它们不能再去散步，它们在屋里大小便，它们失去食欲，它们走路时似乎很痛苦。但是很少有人告诉我他们的狗正在精神上衰老，我也从未听说过狗失去了感受爱的能力。不过，有一个朋友，他养了一只名叫西玛的狗，告诉我一个可能的例外。在西玛生命的尽头，它不再想拥抱，只有在半夜想出去时才会让抱抱，这伤了它的人类同伴的心。(在这本书的后面，我会讲西玛的故事，它也曾是我的狗。) 我还从另一个朋友那里听说，他的狗因为在房子里大小便而感到羞愧，所以他们在地上放下报纸，狗就用了。在它生命的最后一天，一个兽医来给她打针，在它奄奄一息的时候，它最后一次腹泻，最后一次坚持爬到了报纸上。

有一个很好的问题——对此，我们不太可能会有明确的答案：狗是否会想到它们的死亡。它们对此有什么概念吗？我不打算在这里扮演专家，因为我真的不相信有人知道答案。许多人都有过能给出答案的经历，但这些经历千差万别。我敢肯定，狗不会像我一样，在它们仍然非常健康的时候花很多时间去想当它们不健康的时候会发生什么。它们不想知道死后的生活会是什么样子（我承认，这是一个奇怪的词语）。或者，换句话说，它们不知道是否有来世，或者它们死后是否会有任何事情发生。我记得我的父亲雅克，他出生在法国，84 岁去世，他去世前跟我说他非常想知道他死后会发生什么。他并不相信有什么特别的事情会发生，但一想到死亡，他就很高兴，这样他终于会知道答案了。这又是一种奇怪的用语，因为如果没有人去做这种事情，就当然不会有人知道。当我们描写死亡，甚至用语言思考死亡时，我们很快就进入了一个全新的领域。这就像是试图想象死后留下了怎样的虚无：你怎么能找到合适的词语呢？我们的大脑是如何处理他的？

凯特·本杰明被确诊患有乳腺癌，她曾与电视剧《我的猫来自地狱》中的猫行为专家杰克逊·加拉克西有过合作，也曾多次被《纽约时报》报道。“随着动物辅助治疗的推广，我也拥有了一只猫。”当时她在报道中说，她刚完成化疗，她最喜欢的一只猫（她总共有9只猫）就死了。她对记者珍妮弗·金森说：“我好想它啊。我始终觉得，它一直在我身边，‘喵呜喵呜’地叫个不停。然后它说，‘好吧，你现在没事了，我得走了。’”我不得不重读一遍，第二遍没再流泪。这段话饱含甜蜜的感伤，同时，她确实提出了一个关键性问题，即动物对它们的死亡和我们的死亡了解多少？这方面的文章为数不多，所以我希望你能包容下面这样的尝试性思考。

猫和狗能不能凭直觉感受到“要走了”？如果是这样，我怀疑它们在某种程度上能感受到，它们不会心怀恐惧来面对这一结局。许多人在感觉到死亡的临近时，会完全崩溃，变得极度恐惧、焦虑，甚至惊慌失措。我没有听说过有猫或狗这样做。也许它们能够感觉到一些东西，知道它们将失去与自己珍爱的朋友之间的联系。它们真的知道吗？这很难说，也很难找到证据。也许它们相信分离只是暂时的，就像许多宗教人士的感受一样？我希望我能分享这个信念。唉，恐怕我不能：我相信死亡是永恒的，没有来世，除了留下的记忆之外，我们没有什么能幸存。

这对猫和狗来说大概是件好事，但我们就没那么有福气了。当我们心爱的动物走向末日的时候——这不可避免，甚至大多数比我们预期的早得多，我们常常彻底崩溃。

宠物对我们来说就像孩子一样，当它们里面临死亡，我们感到万分无助，我们无法保护它们免受死亡的伤害。这种无助困扰着孩子、猫、狗，甚至成年人。唉，没有哪个活着的不会死去，这是一个痛苦的真理，没有人能完全理解。幸运的是，我们一生中只需要考虑几次就够了。但是和猫狗一起生活提供了太多这样做的机会。如果不是这样该多好啊。

第三章

一切美好都将随着它们离去

如果你有一只狗，你很可能活得比它久。养狗就意味着放开自己，去拥抱巨大的快乐；当然也很可能，要面对同样深切的悲伤。

——马乔里·加伯

一般情况下，狗的寿命是 7 岁到 20 岁，具体视其体型大小而定。没人能说清楚为什么，但这很可能与选择性繁育有关。例如，大丹犬 1 岁时，其体重能达到出生时的 100 倍！平均寿命是 7 岁。小卷毛狗至少能活到 14 岁，而体型更大的犬种很少能活过 12 岁。我不禁会想，伯恩山犬体型巨大，还要拉重物，它们的寿命是不是更短？

其他动物的情况似乎并非如此。鲸鱼和大象的寿命都很长，而小老鼠的寿命却很短。例如，弓头鲸体型相当巨大（身长可达 18 米、体重 65 吨），其寿命可以长达 200 岁！猫的情况也不是这样的，或许只是因为它们之间没有如此巨大的体型差异吧。体型最大的缅因猫确实很大个（雄猫重 5 千克至 10 千克，雌猫重 4.5 千克左右），这或许是因为它们生长在北方寒冷地带，厚重的皮毛有利于雪地行走，但其差异性较之犬类并不那么巨大，体型最小的狗或许不足 2.3 千克，而体型最大的狗可以重达 68 千克。

我年轻时倾向于相信大高个的人比小个头的人寿命更短，但这只是基于道听途说，且我本人个子不是很高，实际上毫无科学依据。另一方面，很显然的是，人与人之间存在极大的身高差异；稍微没那么明显的是，男性的寿命比女性的寿命更短。男性英年早逝的概率也比女性更高，根据世界卫生组织的数据，这种情况在男女严重不平等的国家尤其突出。一个国家男女越是平等，男性的寿命越长。但这种社会性衰老的根源却不适合犬类：母狗通常比公狗活得稍久一些。这是否与攻击性有关呢？很有可能，因为做过绝育手术的狗都能活得更久一些，无论雌雄皆如此。在我看来，大体型公狗似乎比母狗更具攻击性一些，但我不能肯定是否有人对此做了充分的研究。在动物界，雄性往往比雌雄更具攻击性，只有极少例外，比如鬣狗。

因为猫和狗的寿命比人的更短，所以几乎每一个养猫养狗的人都会经历动物伙伴的离世。正如之前所见，我们只是还没有准备好。我们大喊大叫，谩骂诅咒，抱怨命运不公。我们想要自己心爱的伙伴能活得更久一些。养狗的人尤其如此。或许它们并不是要狗狗能像大鹦鹉那么长寿，许多大鹦鹉能在我们过世之后活很久很久，但至少能活猫那么久。据《吉尼斯世界纪录大全》记载，现有最长寿的猫活到了38岁，最长寿的狗活了29岁；猫的平均寿命也比狗长得多，达到了12岁至15岁。

因为猫和狗与我们形成了一种特殊的“亲子关系”，失去他们时犹如失去自己的孩子一般。我知道我经常提到这个话题，这对于我们理解我们与猫狗和其他动物伙伴之间的关系至关重要。不能理解这种联系的人也难以理解为什么有人将猫狗视若珍宝，有时甚至对养宠物的人嗤之以鼻、恶语相向。比如，卡尔·奥夫·克努斯加德最近在《纽约客》发表了一篇文章，抨击作家和狗。这或许只是玩笑，但他如是问道："有没有一个优秀作家养过狗呢？"而他的答案是"没有"。他显然忘了弗吉尼亚·伍尔夫、欧内斯特·海明威和库尔特·冯内古特，还有弗洛伊德，他也是一位出色的作家。他的理由似乎是，一个家里只能容得下一个唯我论者，但他忘了，狗狗们是最不关注自我的，它们只是全身心地关注着我们。

我们在情感上觉得，猫或狗的突然死亡似乎有悖自然规律。因为这些动物如此依赖我们，又是如此脆弱，它们没有做错什么，不应如此早逝。而且，我们与之共度了多少美好时光啊，当我们在家时，它们始终陪伴左右。我们带着狗单独散步，有时一走就是好几个小时。我们甚至可能没有意识到，我们多么信任它们。它们从不批评我们，从不用怀疑的眼光盯着我们，似乎说："我简直不敢相信你刚才说的话！你怎么会是这样一个混蛋？"。没有一个人类伴侣会如此善解心意、如此宽宏大量、如此渴望与你厮守相伴。你可以和自己的伴侣相拥一个小时，但是，猫咪会在你腿上趴一整个下午，狗会在你脚边躺一整天，除非你屈服并带它出去玩。而且，无论出不出门，你们之间都有一种独特的亲密感。如果你的狗善于社交且与你建立了良好的社交关系，你们就不会产生冲突，情感基调也不会发生改变。事实上，当我们与动物伙伴建立了这种联结纽带，我们就生活在了动物的世界里，因为这正是野生动物与同伴建立联系的方式。好吧，也许我有点夸大其词了，关于大型猫科动物和狼的日常亲密互动，我们其实所知不多。没有人在野外或者野生动物自己的环境中与之长期亲密相处过，也许永远不会。原因很简单：我们不是它们。但是，当它们与我们生活在一起时，它们或多或少成了我们中的一分子。也有情况例外，而且很有趣，有人曾把动物幼崽（比如狼的幼崽）抚养长大，或者与野熊建立起非同寻常的亲密关系。我将在本书后文提到这点。

在柏林时，我遇到了一个了不起的女人。她当时正在研究如何解决世界各地的污染问题。她身居要职，是所在领域的领军人物之一。听到我正在写作的这本书时，她满眼含泪。

“告诉我。”我请求道，“您为什么哭？”

她给我讲了下面这个故事，事关她的宠物狗，名叫杰克，然后我完全明白了。我觉得她能讲出这个故事来，是一件非常勇敢的事情，但我也相信，这种做法有助于帮助身处同样境地的人。我很荣幸能在这里复述这个故事：

我在非洲有一个农场……或者这样说更好吧：我有一个朋友，她在非洲有一个农场。一个美丽的农场，毗邻国家公园，四周群山环绕，附近小河流淌；大象和河马都是我们的邻居。我还有一只狗，名叫杰克，是一只真正的非洲狗。它总是那么快乐，那么饥饿，时刻准备迎风奔跑。当我们抵达农场时，我会让它下车，它就会和我的丰田赛车，一直到我们房子的大门口。它喜欢那样奔跑，我也喜欢看着它在尘土飞扬的路上向前奔跑，就在非洲的阳光下奔跑，然后冲到相思树下去喝酒，然后凉快下来。

但黑暗从未远离。在这些充满阳光的日子里，我们喝了很多，想以此来压抑内心深处的不适。

事情就这样发生了。在一个满是阳光和阴影、酒精的日子里，我的朋友正在开车，杰克正在奔跑。杰克撞在吉普车车轮上时脊骨折断的声音仍在我的脑海里。我从还在行驶的车上跳了下来，伸出双臂。杰克还在往前冲，它看着我，满眼都是痛苦、恐惧和困惑。刚到我怀里它就死了。

那天晚上，我在农场的一棵猴面包树下挖了一个小小的墓穴，把它埋在里面，同时埋在里面的还有导致这一惨剧的那部分我：那个软弱的、优柔寡断、自我毁灭和不负责任的我。

我竟然如此愚蠢地造成了杰克的死亡，这种痛苦和耻辱成了我人生的转折点：我花了一年的时间来“清理自己”并结束那种生活方式；但我做到了，而且再也没有回到过去。每当我遇到困难，我都会想起那个炎热而恐怖的日子，都会想起狗狗眼里的那个问题：为什么？今天，我知道，是杰克拯救了我。

孩子们尤其会说：“它是我最好的朋友。”他们是认真的。如果我没有记错孩童时代与小猫小狗一起生活的感觉的话，我猜他们的意思是他们能够向动物们诉说他们从未告诉过别人的一切。当然，他们没有因为说了这些话而受到任何批评。没有人与他们争论不休，没有人对他们进行说教，甚至没有人冲他们皱眉头。没有人会对他们说“等你父亲回来再说”，或者“我很震惊”，或者“我对你很失望”。孩子知道动物不能表达这些东西，但也相信这些想法永远不会出现在他们的脑海中。他们觉得他们的动物显然没有什么可批评的，也看不到他们身上任何不可爱的东西。没有否定的判断。谁不喜欢这样的关系呢？

芬兰电影制作人阿基·考里斯马基的电影《希望的另一面》并没有极力宣传这一点，甚或是你稍不注意就会错过。片中有一个场景，餐厅经理走进来，看到那只员工们正努力想要藏起来的狗，告诉他们次日必须让狗离开。我们期待着关于狗的其他事情，但并没有。直到电影的最后一幕，一闪之间，我们看到了片中的男主人公，感受到了对未来的一线希望，就在那一刻，同一只狗出现，还舔了他的脸。所以，我们突然明白了，那只狗将终生陪伴在他身边。这部电影的希望在于，当一切无能为力时，狗能给人带来欢乐。电影制作人知道这一点，也知道你知道这一点。我们这些与狗生活在一起的人都知道这一点，这是多么令人震惊啊。

当我和朋友们讨论这个话题时，我意识到了两个截然不同的事实：其一，令许多人感到震惊的是，有些人与动物伙伴的关系比与自己家人的关系更为密切。一个著名的例子是关于莫扎特的：莫扎特买了一只椋鸟，这显然是出于音乐原因，他喜欢椋鸟的歌喉，三年后，他为它组织了一场精心准备的葬礼。为人诟病的是，他自己的父亲在椋鸟死亡前几周去世，莫扎特却没有组织这样的葬礼。广受欢迎的博主李·凯纳斯顿在英国《每日电讯报》上写了一篇广为阅读的文章，说他的猫的死与他父亲的死一样，都对他造成了深刻的影响。看了他的文章，我深以为然：

> 那天晚上我忍不住哭了。我当然还没有准备好面对如此巨大的悲痛。事实上，自千禧年以来，这个小小的、黑白花色的小家伙一直是我生命的一部分。现在，失去他所带来的痛苦，丝毫不亚于1997年我父亲死于癌症之时。我知道，这是一个有争议的说法。
>
> 首先，我甚至一想到这样的事就感到内疚。然而，这是真的。当你告诉人们这些想法时，许多人会认为你无情无义、甚或是疯了。毕竟，你怎么能将一只动物伙伴——仅仅是一种动物——的死亡与心爱之人的死去相提并论呢？嗯，其实这很容易，因为这里所说的动物，他也是我的心尖挚爱。

在阅读与狗有关的文章时，我意识到，大家提得最多的一个字就是“爱”，至少在与某只狗有关的回忆录中是如此。这很奇怪，如此抽象的一个字（对于众多人而言，其意义是如此广泛）竟然如此频繁地出现在与狗有关的文字中。它们似乎毫无保留地爱着我们。对此我们毫无准备，这样的爱似乎不太可能，甚至不真实，令人难以置信。我有一位密友，我至今都记得第一次见到他和他妻子那天的情景。那是20年前，在新西兰的奥克兰市。他的妻子问我是做什么的，我告诉她，我正在写一本关于猫的书，讲猫的情感有多么复杂。她回应道："谁在乎呀？"我大吃一惊，既震惊于她的满不在乎，也震惊于她那直率而随意的说话方式。我们刚经人介绍认识，这是她第一次与我说话。但我几乎马上就原谅了她，因为她是个极为聪慧的女子，而且她的专业是儿童研究。我怎么能指责一个致力于为儿童权益而奋斗的人呢？她只是没有空闲或者没有心思去考虑动物罢了。然而，尽管开端不太理想，我们还是成了好朋友。最近，我收到一封电子邮件，里面有张照片，是的，你猜对了，她最近爱上了一只小狗狗，觉得它的魅力无可抗拒。

所以你看，转变一个人的看法，让他爱上狗狗，的确是件轻而易举的事情。我们爱它们，就像爱我们的家人一样有时甚至比爱家人还多，因为狗狗从来不会惹我们心烦；但不同于我们与家人之间的情况，我们总是不得不离开我们的狗狗。这可不是件容易的事情。有时候，你得将狗狗交给某个像你一样爱他的人代为照顾。你可能会要到某个地方去，但那里不允许携带宠物；或者，你可能面临某种情况，不能带上你的狗。假如这样的话，我建议千万不要将狗送去动物收容所，因为你不能确定会不会有人将它领回家去；即便你能确定有人认领，也不能确定那是一个怎样的家庭。唯一可以接受的选择就是找一个你能够信任的好朋友，他也是爱狗之人并且特别喜欢你的狗，并问问他是否愿意接受你心爱的朋友。我曾经有只名叫西玛的狗，我就是这样做的。下面就是它离开我家去与我的朋友詹妮·米勒一起生活的故事。

詹妮写道：

我的灵魂伴侣是我的爱犬，它的名字叫西玛。它似乎是博德柯利牧羊犬和金毛猎犬的杂交品种。它有着橘色的毛，又长又蓬松，看起来就像金毛猎犬，但有着柯利牧羊犬的尖鼻子，看上去就像一只狐狸。它非常聪明，我认为这是博德柯利牧羊犬的特性，但它本性上是纯粹的金毛猎犬。

我不记得从什么时候开始，西玛和我注定成为灵魂伴侣。是不是那次，当我没能得到自己真心想要的那份工作，几滴眼泪悄悄流下脸颊时？西玛过来，把一大块肉骨头扔在我脚边。那块骨头是杰夫家三只狗最珍视的宝贝，为了得到它而不惜打架的。杰夫要移居海外，并长期旅行，所以他问我是否愿意让西玛和我住在一起。

于是，我们一起开始了漫长的生活之旅。作为一个不是特别爱运动的人，看着西玛游泳、看着它在水里追逐棍子而拍溅起水花，我总能从中感受到运动的乐趣，等它回到地上，我便跑过去拿它嘴里的棍子。它不相信“拿东西”这种软弱的传统。如果它追到了一根棍子，那就是它的了。如果我扔了10根棍子，它会把10根棍子全都叼在嘴里。这种做法可能曾救过它的命。

有一段时间，我们住在北加州一个保守的小镇上，那里有许多人残忍地虐待狗，把它们锁在外面。我和西玛到附近的野外去散步时，总会经过一只被锁住的狗。那只狗会冲着我们狂吠，好像要把我们撕成碎片，但因锁链所困，无法行动。

有一天，西玛像往常一样在空地上玩了会叼棍子的游戏，之后干脆叼着不放了。我总是坚持让它把棍子留在空地那里，因为，如果它如其所愿地把所有木棍都带回家，那它最终就没有木棍可追了。但这一次，它拒绝放下棍子，无论我怎么说怎么做，它就是不肯。它有着强有力的上下颌和同样有力的犟脾气，所以我放弃了，让它叼着自己的珍藏品回家去。像往常一样，我们又经过了那只凶猛的狗，但这一次，它的链子断了，它撕扯着，咆哮着，冲过来，准备攻击。西玛在自卫时从不懈怠，但它不可能放下那些棍子。它嘴里叼着棍子，冷漠地站在那里。那狗被弄糊涂了。如果一方拒绝行动，那么狗和狗又怎么打架呢？于是，它走开了。

随着西玛年事渐高，它开始出现关节问题，我对它的健康也越来越关注。我给它做有机食品，于是给它买最好的关节补充剂。最后，它的髋关节似乎不能动时，我带它到几千米外去找一位天才的脊椎按摩师，他主要治疗人类，但也偷偷地治疗动物。它会康复的，我如此始终相信。

随着时间的推移，西玛的健康状况不可避免地开始急剧恶化。它开始在屋里撒尿，所以我找了一种罕见的人类疗法来解决这个问题，这对西玛有效。我甚至买了更贵的、更有效的关节补充剂，比如给赛马用的那种关节补充剂。

有一天，我们照常去散步。我看到它两条后腿都缩了起来，好像十分痛苦。那一刻，我知道了。我知道了，尽管我身上每一个原子都在尖叫着“不”！好像地球突然偏离了轨道。我知道它时日无多了。此后不久，它就不再愿意去散步了。虽然它接受了最好的西医和兽医护理，但它不会好转了。它又失禁了，而且通常连站都不愿站起来了。

偶尔，西玛的病情会突然好转，也能走走路。就在这样的一天，西玛迎来了与兽医的最后一次约会。杰夫之前曾建议打电话给他的女儿西蒙妮寻求帮助，当时她是一名兽医助理。我想，在这个陌生的地方看到童年时代的老朋友能让西玛感到安心。我的朋友艾尔斯贝思坚持要来与我们见面——如此深厚的友谊我将永远铭记在心。

我看得出兽医有点吃惊，因为西玛还可以行动，我却觉得有必要采取最后行动了。我心碎得说不出话，但艾尔斯贝思解释说，西玛一直处于极度痛苦之中，感觉不到丝毫的生活乐趣，而且我很快就要搬家，所以它临终前的环境可能不那么安全舒适，即使可以再活几周。

这是没办法的事。

他们给西玛注射了镇静剂，它静静地躺着。当剩下最后一剂时，我告诉兽医：“让它闻闻你的手，让她知道你是她的朋友。”注射完了。几秒钟后，我再也忍不住，悲伤的泪水夺眶而出。

接下来几天，我感到既轻松又愉快，很高兴西玛摆脱了痛苦和折磨。后来，我开始感到满心悲伤，一直到几年之后。我可能一连几个星期都不会想起它，然后又会因为某样东西而想起它。时至今日，我还是不能到它过去常常玩“拿东西是懦夫所为”游戏的地方去散步。

我很高兴我为西玛找了如此有爱的一个家。这从上文中可以非常清楚地看出来。

我冒昧猜测，如果你在20年前让人说出一种将人类区别于其他动物的能力，答案应该是“爱”。

在过去，大多数人不相信其他动物有能力爱我们或爱它们的同类。我不知道为什么会发生如此巨大的变化，但这种变化的确发生了。事实上，我愿意进一步指出，现在，有相当多的人相信，有些动物比我们更会爱。当然，我想到的是狗。或者，我来换一种不同的表达方式：狗能用另一种方式去爱，纯粹却又带有矛盾地去爱。我知道这已经说过很多次了，但我认为每当有人意识到这一点时，这就像一个晴天霹雳：怎么可能有别的动物做到我做不到的事呢？有时候，我们会突然面临一个无可争辩的事实，那就是别人比我们更有天赋，他们歌唱得更好，他们更聪明，他们思考问题更深刻，他们更有艺术天赋，他们更善于运动，他们更友善。但如果有人告诉你，有些人远比你更会爱，我想你会犹豫不决、不知该不该相信。所以我确信，当那些不养狗的人听到养狗的朋友说他们从狗身上感受到的爱远超过从其他人或动物身上感受到的爱时，他们认为这绝对是夸张的、错误的，甚至是疯狂的。除非是亲身经历，否则你很难相信会有这样的爱。而一旦亲身经历了，你就不知道没有了它之后你该如何生活。同样道理，只有亲自感受之后，我们才能知道，我们有能力用我们那种纯洁而猛烈的爱去爱我们的宠物。

这种爱的存在引起了哲学上的难题。让我们暂时假设我是对的，假设既爱我们人类也爱它们自己的伙伴是大多数狗拥有的真正品质。那么问题是，这种爱从何而来？为什么要存在？有什么用途？自然界还有类似的东西吗？啊，这就是问题的核心。这也是最有趣的问题。恐怕我们永远无法找到答案。因为我们对关系，尤其是爱的关系的本质了解还不够，所以无法回答。我们经常在户外看到某些亲昵行为。没有人会上前阻止。但我们是如何从喜欢变成爱呢？是什么让我们迈出了那重要的一步呢？喜欢是任何人都能观察到的，几乎不需要定义。爱是一种主观感觉，除了我们自己，其他人永远无法真正回应其存在。即便有强有力的证据表明你的妻子爱你，但只有她自己才真正知道。所以，我相信野生动物和我们的宠物都能感受到爱。在我看来就是这样。但这仍然是一种向未知的挑战。有些鸟终身只有一个伴侣，它们有时会为伴侣之死而悲伤，它们一定会有与我们相似的感觉，我们称之为爱。

鲸鱼往往在一起度过漫长的一生——难道它们感受到的就只是单纯的感情吗？自简·古道尔的开拓性研究以来，科学家们对所有这些动物，当然，还有黑猩猩和倭黑猩猩，都进行了仔细研究，但我猜想，大多数观察家相比用“情感”，或许更喜欢用“爱”这个字。但这仍是一个非常主观的问题。对此，我们永远无法完全满足所有人的要求。我很高兴将其记录在案并称之为爱，但我知道有些科学家并非如此。

举个例子，互联网上有个热门话题：据报道，一群年轻的白鲸收养了一只迷路的（或者失去双亲的?）独角幼鲸，这是海中的独角兽，一种来自北冰洋的齿鲸，在犬齿位置上长着突出的长牙。“它是这群男孩中的一个。”观察到这一罕见行为的科学家说。想象一下，我们多么不愿意说这只独角鲸爱这群白鲸，或者说这群白鲸也爱这只独角鲸。我们很难接受这样的想法。但是为什么呢？本质上，我们无法洞察其他物种的情感状态，除非我们发挥想象力，坚持抹去我们与它们之间的区别，即使只是暂时的，以试图进入它们的思想或情感。这不科学，但拒绝理解如此重要的东西的任何尝试也不科学。动物科学家们一直很谨慎，他们总觉得将情绪和想法归因于动物可能会令人担忧。他们说，我们怎么能真正知道呢？另一方面，现在有许多动物研究人员同意我的观点，即我们过去过于谨慎了，我们需要让想象力更为自由。此外，让我们回到论点的核心，狗对我们人类正是这样做的。这是可以论证的，或者，让我这样说，我想论证的是，狗实际上已经进化出了一种独特的能力，能够直觉地感知我们的情绪状态，并表现出同理心。几乎所有人都会提到狗把头靠在我们大腿上仰视我们，这种做法让每一个经历过这种情况的人都感受到一种精神亢奋。我们正在目睹人类历史上前所未有的事情。

前面几段的重点都是狗，而不是猫。虽然我对人类对猫的爱毫不怀疑，但我对猫对人类的爱却不太确定。感情？有的。友谊？有的。但从我与猫和狗一起生活多年的经历来看，我从来没有被猫崇拜的感觉。当然，被喜欢是有的。我甚至可以说这是一种爱。但是，那种感觉仍然与我从狗那里得到的不一样。这可能是我的错，而不是猫的错。此外，我们需要记住，与狗相比，猫与人类生活在一起的时间相对晚，我们现在相信狗与人类建立关系的历史至少可以追溯到3.5万年前，而猫与人类建立联系的历史可以追溯到9000年前，但还不足以成为一个可以与人类共同成长的物种。我没有听说过我们与猫共同进化，但说人类与狗共同进化现在几乎成了陈词滥调。

然而，正如我在本书中反复提到的，我们与猫建立了深厚的感情。我们在猫咪离世时所感受到的悲伤丝毫不亚于狗离世时所感受到的悲伤。我绝不会说猫不能像狗一样与人亲密相处，尽管有很多人，尤其是那些不曾养猫多年的人，会这样认为。还要记住，我们与猫生活在一起的时间往往比与狗生活在一起的时间长得多，这仅仅是因为猫的平均寿命比狗的平均寿命更长。所以，我经常会看到有人养了一只猫20年甚至更久。这种联系是紧密的，而当死亡将其割断时，相应的悲伤也更加强烈。尽管如此，还是会有所不同，这或许是因为猫的本性更加孤僻，或者像某些人认为的那样，猫绝不会像狗那样全身心地信任我们。我在思考的是，猫是如何离世的。

或许我说的不对，但我觉得，相对于狗，我们在家里给猫实施安乐死的情况要少得多。猫似乎是独自死去，不仅像我之前提到的那样独自到某个地方去准备离开这个世界，而且有时候是用他们自己的方式——悄悄地、单独地。他们似乎不会像狗那样，期待我们做点什么来帮助它们进入那永恒的黑夜。它们似乎早已知道要做什么。为什么会这样？我不知道。或许我经验有限，或许见多识广的读者能告诉我答案。

第四章

生死交错的地方

每只猫都是一幅杰作。

——列奥纳多·达·芬奇

我们都听说了，有些狗经过训练后可以嗅出癌症，其准确性比任何专家诊断都高。我们不能肯定的是，它们会不会同情自己诊断出的癌症患者？会不会为之悲伤？或只是将其当作一场游戏，因为在训练过程中，它们每次嗅出癌症都能获得奖励。很难说。虽然不知道搜救犬会不会对自己找到的东西投入感情，但经历过9·11之后的搜救犬在找不到生命信号之后的确变得情绪低落。我认为这不能说是因为“这场游戏”变得不好玩了，而是它们知道自己在做某件对人类非常重要的事情。同样，研究人员很想知道狗能不能闻出死亡的气息，这一点还没有得到验证。但猫似乎能闻到死亡的气息。或者说，至少有一只猫能。这并不是通过实验确定的，却几乎同时成为全球各大媒体的头条。

2007年，《新英格兰医学杂志》上刊登了布朗大学医学院医学副教授大卫·朵莎的一篇文章。这篇文章占据了整整一个版面，题为“猫咪奥斯卡生命中的一天”。文章主人公是一只年仅2岁的猫咪，幼时即被罗得岛州普罗维登斯的斯蒂尔屋看护和康复中心所收养，这里护理的都是精神疾病患者，包括阿尔兹海默症患者。轰动全球的是这样一个“事实”：奥斯卡有一项奇怪的本领，假如你想如此称呼的话，它会溜进某间病房，窝在病人脑袋边，一边发出呼噜声一边等待着。等什么呢？等待死亡，过不了几个小时一定会到来的死亡。奥斯卡每天会到各个病房去，但只会待在即将离世之人的病房里。奥斯卡怎么知道的？啊，人人都想知道答案。截至2007 年文章发表之时，奥斯卡“主持了”（真的很难找到一个恰当的词语来形容奥斯卡所做之事及其所具有的特殊能力）康复中心超过 25 人的“死亡仪式”。到 2010 年时，该数据到了 50 人；而到2015 年时，则成了 100 人！毫无例外，每次都准确。

康复中心共有 6 只猫，奥斯卡只是其中之一，但另外 5 只猫都没有这种特异功能，或许我们能称之为替死神报信的能力。这个机构对宠物十分友好。奥斯卡生活（或者说“掌管”）的地方有 41 张床，住在这里的人都是阿尔兹海默症、帕金森症或其他疾病的晚期患者。那里的护士说这只猫一点都不友好，若是有人想去摸它，它就会冲着人家吼叫（他是不是有要事在身？），而且它通常是一副冷漠的样子。医生们第一次注意到奥斯卡时，它才 6 个月大，但已开始了自己的“使命”。当它第 25 次坐在那里等待死亡来临时，工作人员知道，他们可以给病人家属打电话了。虽然奥斯卡看上去不过是在打盹儿，但工作人员还是会给家属打电话，因为那只“该死的猫”总是对的。

马上有了三个问题：

第一，奥斯卡在做什么，或者更刺激的是，奥斯卡认为它在做什么？

第二，奥斯卡是怎么做到的？

第三，这是真的吗？

先回答第三个问题。备受尊敬的医学权威、著名作家悉达多·穆克吉（他出版过《众病之王》，且最近出版了《基因传》）已确信这是真的。当然也有人持怀疑态度，声称这只是确认性偏差的又一个例子，也就是说，我们倾向于相信它，所以忽略了任何有悖于“我们相信”的信息。例如：奥斯卡曾多少次在安然无恙的人身边小睡过？

接下来回答第一个问题：什么样的猫会拥抱一个即将死去之人呢？一只富有同情心的猫？一只奇怪的猫？一只邪恶的猫（有一些，我不希望有，但肯定有一些应该为死亡负责的猫）。或者只是想找个安静之处小睡的猫？我想起一件事：几年前我发高烧，女朋友厌烦了我痛苦的呻吟声，便把我丢到了安静的走廊里，让我躺在那里哼哼却不会吵到任何人。那里一个人都没有，只有我的猫咪约吉（我喜欢反复使用同一个名字，只要我愿意）。约吉不仅听我说话，而且还蜷缩在我的肚子上，怎么说都不肯走。我太激动了，幸运的是，当时我还没听过名叫奥斯卡的那只猫和它臭名昭著的能力，否则我肯定会吓坏了，以此证明约吉是比我的女朋友更好的朋友。（回想起来，我认为我的观点很有道理。）但事后看来，我更愿意支持这样的观点：约吉只是想找个温暖舒适的地方躺着，而我因为高烧，成了周围最温暖的地方。

现在我们来谈谈这个故事中最具争议的第二个问题。大多数医生都注意到奥斯卡进入房间时会嗅嗅空气，因此他们相信它能够检测到一种气味，可能是死亡细胞发出的、人类无法检测到的气味。这是一种流行的解释，我们都喜欢这样的想法：动物能获得人类无法获得的知识。地震传感器？海啸预报器？我不排除这种可能性。但是，我们必须考虑一个事实，没有其他猫科动物会这样做。我知道，养狗的人会做出一个非常合理的解释：所有猫都能做到这一点，但为什么要费力去做呢？

我们还是暂时回到穆克吉博士这里吧。他在文章结尾如是写道：

> 但是，一想到算法可能比大多数人更了解死亡规律，我便无法摆脱不适感。而且我一直在问自己，为什么从一个浑身长着黑白夹杂的毛、缩着爪子、蜷在我们身边的温暖躯体内传达出这样的信号，看起来更容易接受呢？

换句话说，是的，我们或许能发明一种机器，它能比任何医生都更精准地预测死亡的到来，但是，我们一点也不喜欢这个主意。我们更想要一只猫来做这件事！还要记住，算法可以预测在几个月内死亡，而那只名叫奥斯卡的猫所发出的预言在几个小时内就实现了。

所以，作为一个喜欢猫，但对人（甚至包括医生在内）能否预测死亡持怀疑态度的人，我看到这个故事时不免陷入了有趣的两难境地。第一次听到这个故事的人都表示相信，如果猫拥有神秘力量是个不错的主意。让我们面对现实吧，这是令人非常兴奋的一件事，至少可以说是奇怪的。如果最顶尖的医生和最精确的计算机（能进行最复杂的算法计算）都说不好某人会在某个晚上死去，凭什么一只猫可以呢？

如果一只猫可以，为什么不是所有猫都可以？或者，如果所有猫都可以，为什么它们不说？是不是我们应该对猫更好、更尊重？是的，的确如此。我想要说，当这篇文章刚发表时，养猫人增多了。当猫知道我们什么时候会死，甚至可能被说服告诉我们、给我们最后的安慰时，我们该怎么面对它们呢？另外，猫的下一步行动是什么？告诉我们如何避免死亡吗？

如果我们知道猫只要看一眼就能知道我们什么时候会死，那又怎么样？我们怎样才能说服它们让我们知道，或者，怎样才能说服它们不让我们知道？我现在要赶紧冲出去找一只猫吗？还是替我那只静静地睡着的猫咪打开门？下次参加晚宴时，你可以试试讲一讲这个故事，看看你的客人们会说什么。我想你会惊讶于有那么多人相信猫比我们更具灵性。我一直坚信许多动物的情感远比人类强烈。因此，我相信猫是有可能“感知”到死亡的；而且，作为一种极有礼貌的生灵，它们通常选择不告诉我们，而是悄悄地保守着秘密。

虽然我一直带了点开玩笑的意思，但这个故事确实引发了一些非常严肃而有趣的问题。如前所述，狗能比任何医生或任何机器都更准确地嗅出癌症。癌症是一种疾病，而奥斯卡嗅出来的，是死亡吗？它是嗅到某种物理性的东西吗？还是说它就是“知道”结局快到了呢？一旦有所发现时，除了躺在旁边睡觉以外，这对它还有什么别的影响吗？很难说。很多人会说它不在乎。但很多人认为猫对死亡漠不关心的想法也很可能是错的。奥斯卡和它的猫咪伙伴们知道一些“人类无法理解”的东西。

是的，奥斯卡可能对死亡有所了解。但如果说它是在试图安慰垂死之人，会不会有点言过其实呢？不一定。猫与人类健康的关联程度有多大呢？医学上认为猫的呼噜声有镇静作用并能增加人的幸福感。我们对此不会有太多争议。密苏里州堪萨斯大学兽医学院猫科遗传学和比较医学实验室的首席调查员莱斯利·莱昂斯指出：“猫的呼噜声可以降低压力，轻抚一只“呼噜”叫的猫有镇静作用，能缓解人和猫的呼吸困难症的症状，还能降低血压和患心脏病的风险。养猫的人患心脏病的风险比不养猫的人低40%。”

但是，假如我们说猫愿意拯救人的生命，那又如何呢？哦？它们会吗？有什么证据吗？的确，有很多故事讲到过，当房子着火时，屋里的猫怎样想办法叫醒睡着的主人，即便有个猫洞可以让它们出去，它们也不走。但是，对于帮助人类，猫能做到什么程度呢？恐怕做不到狗那么多。我们有导盲犬，却没有导盲猫。而且我必须相信，猫绝不会领着自己的人类朋友摸黑走下楼梯，而在9·11事件中，两只导盲犬做得很好：罗塞尔领着迈克尔·辛森从78楼走下来，塞尔提领着奥马尔·里维拉从71楼走下来。但请注意：这两只狗都没再返回去营救别人。因此，很遗憾，互联网上流传的金毛猎犬黛西3次返回世贸中心并从里面救出900多人的故事，纯属虚构。当然，这是一个美好的期望。很多故事都讲到猫多么勇敢地一次次冲进火光冲天的房子里救出里面的小猫咪。注意，是小猫咪，不是小婴儿。

我们还不清楚狗或猫是否知道人类死亡的信息，或者说，是否知道人终究难免一死。我们也不清楚它们是否知道它们自己也会死去。这并不意味着，当死亡即将来临时，它们不会害怕死亡。只不过，它们很可能不会花时间去提前考虑死亡问题。而我会这样做。

我突然意识到，我有责任提醒读者，我因为写作要努力让自己看起来像这方面的专家，而事实上只能代表我的观点。这就好比有人说，女人比男人更有可能冲进着火的房子里去救人，或者说，人在危机时刻都顾不上别人，他们只在乎自己。你肯定会提出反对意见："等等，如此以偏概全实在太过荒谬。"你说得对。只是因为你没有目睹，便认为没有这样的事吗？每个人都是独一无二的。有些人会冒着生命危险去救那些溺水陷入火海里或者身陷其他危险的陌生人，而有的人不会。我们不能了解所有人，无论多么博学，我们的所知还非常有限。而从更长远的历史角度看待问题时，会发现我们在50年前所坚信的观点已不再真实。例如，我们可以轻而易举地列出一长串人类特有的能力：使用工具、传播文化、使用语言、拥有复杂的情感、能移情、会欺骗、懂得欣赏艺术（拥有审美品位）、会建造房屋，等等。有人对此展开了细致的观察和研究，却发现有些动物甚至可能有宗教意识。所以当我说猫不会做这个或狗不会做那个时，我其实是从一个非常有限的角度来看的。别把我的话当回事，也别当作准确的科学，只要当作一种引人入胜的讨论就好。

我这样说是因为我充分意识到了，每一只猫和狗都有着独一无二的个性，就像每一个人都有着独一无二的个性一样。但我承认，始终记住这一点是很难的。就像今天早上的事。一个女人带着她9岁的儿子一起来我的妻子，他们还带着一只才13周大的小狗。他们把小狗装在一个手提箱里，但我十分肯定，只要把它放出来，它就会跑过来舔我的手、疯狂地摇尾巴、冲我和在场的每一个人露出十分激动的表情。有些孩子可能也会这样，但大多数不会。我不敢说所有13周大的小狗都会表现很开心的样子，以彻底赢得我们的喜爱。由于生活的环境不同，它们将会成长为截然不同的狗；但作为小狗，它们都享受着不可抗拒的快乐生活。年龄较大的狗也有这样的，但就我有限的经验而言，没有哪种动物比一只小奶狗更会享受生活。这真是进化之谜。当然，我知道有这样的理论：所有动物幼崽都很可爱，让父母更喜欢和它们在一起并想要照顾它们。但我想知道，是否只有人类如此看待小奶狗，其他动物是否也这样？是的，有时幼崽会成为捕食者的目标，所以这不可能是普遍法则。但我也听说大象对无助又可爱的小动物似乎很友善，无论如何都不会对其发动攻击。

小猫也很可爱，但用的是另一种方式。它们看起来十分可爱，尤其是和别的小猫玩耍时，但它们对人类的反应不会像小狗那样纵情肆意。它们更加独立，也更愿意单独待着。如果你对小狗没有反应，小狗就会措手不及。它会困惑不解，踌躇不定，好像在说："这是什么意思？"它真心想和你一起玩，它很少被拒绝。

我相信以上内容有助于解释，为什么我们如此不可救药地爱上猫和狗：它们整个生命，从头到尾，都是为了让我们喜爱它们。我最近了解到，狗甚至学会了用眉毛来引起我们的注意，也许再过不久我们就会在猫身上发现类似的情况。从把它们接回家的第一天起，它们就对我们付出了浓得几乎化不开的爱，给我们带来欢乐。当这种独特的体验因为它们的离世而不得不终止时，我们无比悲伤。

也许有人想问：失去宠物时，爱猫的人是否也会像爱狗的人一样失落？答案很显然是"是的"。而且，你只要在互联网上浏览一下，就能找到鲜明的例子，哪怕最持怀疑态度的人也不得不相信：我们与猫有着很深的联系，当它们离去后，我们会同样深深地哀悼它们。事实上，有些人声称这样的哀悼之情更加强烈，我们和猫在一起的时间通常比和狗在一起的时间更长，猫的平均寿命比狗长。人和猫在一起生活 20 年之久的事情并不罕见。人们常说："孤独的人，唯一的陪伴就只有一只猫。"这似乎在说养猫的人难免是病态的。但请记住，这个人和他的猫日夜相守了很长一段时间，培养出了严肃认真的感情。质问他或以任何方式嘲弄或嘲笑他都是决然不对的。有了这样的亲密关系之后，当猫离开后，一定会改变主人的生活。如果这样的人是你的朋友，那就请陪着他，让他给你讲讲他的猫的故事。那些故事可能很迷人。

我们怀念猫的什么呢？首先，它们总是在那里。当我们走进家门时，很少有猫会不跟你打招呼，就像在说：“嗨，你去哪儿了？就知道你该回来了。”始终让我们激动的是：这种基本上是野生的动物居然住在我们家里。多么荣幸啊！我们怀念那种被“选中”的感觉，也怀念这种触感超轻的动物那纯粹的优雅。它们躺在我们的膝盖上，如果够幸运，它们甚至跟我们同睡。世界上最大的快乐莫过于与猫同眠了。它们会伸长身体，靠着我们，然后发出充满魔力的、治愈的呼噜声，然后酣然入梦，要知道，只有足够信任你，它们才会在你的怀里酣睡。这样的事情怎不教人怀念？对于失去一只猫，只有一种补救办法，那就是最终（我知道这可能需要很长时间）说服自己到最近的动物收容所去，找到另一只需要你的猫，就像你需要它一样。一旦养了猫，便很难忍受没有猫的生活。我很明白这一点，在我 79 年的生命里，我曾养过几十只猫。现在，我们住在悉尼，经常要外出。我发现我不可能养猫了。真是伤心啊。我正在寻找一个创造性的解决方案，也许我可以养一只“共享”猫。在西班牙时，我每天到海滩上去看望那群野猫，也算是满足了跟猫混在一起的愿望，但我还是怀念与猫同眠的那种亲密感。生活中几乎没有什么乐趣能与之相比。

关于猫与死亡这个话题的思考，我从中得出的结论就是：我们对其他动物的死亡知之甚少。动物对死亡的感知可能比我们想象的要多。与猫共同生活，思考猫的事情，我从而得知：对于猫所拥有的各种知识，我们是多么无知。显然，这只名叫奥斯卡的猫知道一些别人不知道甚至没有能力知道的事情。是因为奥斯卡独一无二呢，还是猫咪只是在保守秘密？无论如何，我们都要特别感谢这些来美化我们生活的小猫咪。

第五章

是否要做那个可怕的决定

宠物不知道我们在做什么，也不知道我们为什么这样做。它们只知道你就在身边，知道你说没问题，知道你爱它们。

——某位兽医

不得不说，一般情况下，我并不赞成安乐死。我所说的“一般情况”是对人而言。我读到过很多第三帝国在第二次世界大战期间杀害精神病人的文章。这不是一个好话题。我也阅读了荷兰、比利时和美国关于安乐死的争论。我不喜欢那里的情况，尤其是在比利时，那里有一场允许对抑郁症儿童患者实施安乐死的运动。我简直不敢相信这一点，所以我读得更深入，而读得越多，我就越感到震惊。

2015 年 6 月 22 日，雷切尔 · 阿维夫在《纽约客》上发表的一篇文章报道了维姆 · 迪斯特尔曼博士富有争议性的工作。他是一名医生，是一位安乐死的倡导者，主张对所谓的晚期抑郁症患者实施安乐死，针对“对治疗有抵抗力的”抑郁症。

想象一下，如果我们每遇到一种不容易治疗的疾病就用安乐死来解决，那我们难保不是下一个安乐死的对象！关键是，迪斯特尔曼还是政府认证委员会主席兼联邦安乐死委员会主席，该委员会决定何时需要安乐死，何时不需要。该委员会尚未就任何一个安乐死案件做出过反对决定。鉴于迪斯特尔曼还经营着一家提供安乐死的研究所，这与他是毫无利益冲突的。我也很欣慰，当他带着一群“专家”到奥斯维辛集中营去“思考”安乐死时，几乎所到之处都遇到了广泛的批评。集中营提醒着我们纳粹“优生学”和安乐死的残酷与罪恶。但在2013年，迪斯特尔曼带着70名“卫生专家”（都是对安乐死深感兴趣的医生、心理学家和护士）去了集中营。对他而言，这是“组织研讨会和反思这些问题的一个鼓舞人心的场所，这样就可以考虑和澄清一些混乱”。当然，至于他前往这个世界上最恐怖之处旅行时到底做了什么，我就不得而知了。

幸运的是，这不是我们谈论心爱的动物时需要考虑的话题，但我把它作为一个需要谨慎对待的问题提了出来。至少我从未听说过有人因为猫或狗患有抑郁症而考虑对其实施安乐死。我们不会因为猫或狗看起来很忧郁而放弃它们，而是试着找出是什么让它们伤心，然后把那东西弄走。而且，让狗快乐是如此简单，几乎毫不费力，你所要做的就是和它们在一起。我觉得狗是否应该服用抗抑郁药这个话题离本书主题太远。我只想说我不赞成给猫、狗，甚至人服用此类药物。饮食、补充剂、锻炼对被这些问题困扰的人和动物来说都是更好的选择。我知道这不是标准观点，但我对所有精神病药物都非常谨慎，主要是因为其副作用很可能是毁灭性的。

然而，总有那么一天，你会感觉到末日来临。一个期盼是：那一天不要正式宣布，让它悄悄到来，你的狗会像往常一样睡在你旁边，但当你醒来，它停止了呼吸。从理论上讲，这是可能的，但确实很少发生。更为常见的是，它们的状况逐渐变差。你拿起项圈，想带它们出去散步，但它不是跑到门口跳起快乐的小舞，而只是用悲伤的眼神看着你，似乎在说："今天不行，但谢谢你想到我。"然后你就会明白，它既不是偷懒也不是出于固执，而是很痛苦。它不是个爱发牢骚的家伙，也不会大惊小怪，但你知道它的体力开始衰候。有时候，这是一个非常缓慢的过程，你可以看到每一个细小的变化，但有时候，症状突然出现。似乎你一直认识的那只狗突然变成了另一只狗。

如果你不急于最后一次去看兽医，那你会怎么做呢？你所做之事或许能用我最喜欢的一个医学术语来形容：观察等待。即使你知道这是它生命的终点，你也等着。这段时间对你们俩来说都是漫长但令人满意的：很多的拥抱，很多爱的表白，很多在一起的时间。漫长的冬夜，你们蜷缩在床上，它的眼睛总是凝视着你。它再也不能出门了，它的世界变小了。你就是它的世界，你已经成了它的全部。它没有抱怨，它在尽力补偿，这种补偿以崇拜的形式表现。它崇拜你，不是因为她突然需要你，而是因为那是它的天性。它天生就是这样的。但是，当走到这一步时，你更能感觉到，或者说，它表现得更为纯粹。对一些人来说，当然对许多狗来说亦如是，这是他们关系的高潮，就在一切终结的前一刻。有一段动人的视频：有个年轻人和他的狗同时患上了癌症，他们用爱，一种独特而不同于其他任何人之间的爱，相互支持。从 1000 多条评论中（已有近 200 万人观看了这段 7 分钟的视频），你可以看到每个人都被这个故事感动了。观者几乎无不落泪。

你的动物伙伴会让你知道什么时候该放手吗？并不总是如此。它们紧紧抓住你就像你紧紧抓住它们一样。它们不希望你离开它们，就像你不希望它们离开你一样。那么，我们如何知道时间到了呢？诚实地说，我们并不知道。但重要的是：别人也不知道。所以，带你的狗去看兽医，尤其是去你可能不太熟悉的兽医那里，可能不是解决的办法，因为你得到的答案可能是不正确的。当然也有迹可循，我们每个人都有自己的红线：例如，当狗开始失禁。我得说这不是红线。我是根据自己的亲身经验这样说的：正如我前面提到的，甚至就在我写这几行字的时候，我们的儿子伊兰就住在柏林。他和班吉住在一起。班吉是一只金黄色的拉布拉多犬，我们都深爱着它，我还为它写了一本《永不停止爱》。班吉仍然和伊兰一起去柏林公园散步 2 个小时。天气越冷，它越高兴。但它开始尿失禁，且不仅仅是在房子里。因为它和伊兰一起睡，而且他们俩从很小的时候起就一直这样。伊兰有时醒来会发现床被弄脏了。这不好玩，我同意，但这对我和伊兰来说都不是结束的标志。弄脏了，可以再清理干净。可以试试狗用尿布、擦脚垫、塑料，或者将一个大大的狗床铺在人类的床上，那个很容易清洁。这只是个需要解决的问题罢了（没错，这也是第一个迹象）。所以，是的，班吉正慢慢地到了这样一个地步：除了依然爱我们以外，它不再是曾经的那只狗了。它仍有风一样的速度，特别是在一个新的公园里，但大多数情况下它已经慢了下来。伊兰不知道班吉走路时是不是很痛，或者它它就是没有力气。它确实每天外出至少 3 次，而且它很喜欢外出，但变化也是显而易见的。对于一只大型金黄色拉布拉多猎犬来说，它现在已经很老了。对于伊兰而言，经历这个过程是极其痛苦的，他向我寻求指导：“爸爸，我怎么知道时间到了？爸爸，我要提前告诉你，当我最后一次带他去看兽医时，你和妈妈必须马上从澳大利亚过来陪我。我一个人做不到啊。”伊兰说得对。但这对我和莱拉来说都不容易。我有过许多动物伙伴，但我从来没有和它们中的任何一个共同经历过这样的事情，我也不知道我会做出什么反应。小狗帕比死在我怀里，太妃被毒死了，米莎在睡梦中静静地长眠。我父亲在洛杉矶去世时，我在伯克利。我母亲在新西兰去世时，我在澳大利亚。除了小狗帕比之外，在我 79 年的人生中，我没有亲眼见证过死亡。很奇怪。我不能说我渴望见证一位挚爱伴侣的最后时刻。这么说太奇怪了。我知道有些人形容那是一个很平静的时刻，他们很高兴自己在场，当然你的朋友也希望你在那里（我想到了那位兽医，他说狗在最后一刻四处寻找它们的人类同伴）。我只是觉得，陪伴你的朋友度过生命中的最后一刻这样的事情令人无法抗拒。

即使你觉得大小便失禁并不是那么严重，但当症状更严重的时候会发生什么呢？当它们不吃不喝、疼痛难忍、站不起来了，或者不能走路了，肯定还有更严重的，我希望，在这个时刻（肯定还有一两年才会来），我不必单方面做决定。班吉不会看着我说是时候了，我也不愿意把它的表情理解成那个意思。所以我希望，它只是在某一天早晨不再醒来。伊兰会醒来，但班吉不会。伊兰将会悲痛欲绝，但他将不再为班吉的痛苦而伤心，也不用自己做决定是否给班吉打最后一针。我知道很多读者都会觉得给班吉打最后一针是最好的解决办法，或许也是最勇敢的决定，但我不得不说，我无法想象自己要这样做。我只是无法想象，把班吉的头放在我的膝盖上，看它抬头完全信任地看着我，然后我向兽医点头，让他打进最后一针。我不能忍受。我们就像最亲密的家人一样，它是一只不会表达意见的狗。这个决定一定只能是我来做，而我不能确定，如果它会表达意见的话，它会说什么。也许，它会说时间到了。但也许，它也会求我再等一天，或者再等一周。也许它也想象着一觉后不再醒来，并且会像我期盼的，更愿意这样离开。看到一些人居然那么轻松地带一只猫或狗去看最后一次兽医，我只是有点不舒服。我之所以说一些人，是因为我意识到，对大多数人来说，这是他们一生中最艰难的决定之一。有时候，这样做是自私的；但有时候，不这样做也是自私的。要是能和动物伙伴讨论一下就好了。它们显然有答案，但无法告诉我们。有些人告诉我，他们的动物伙伴会让他们知道最后时刻已经到了。但对我来说，问题是我们永远无法确定决定是否是正确的，是否是正确的时间。我们在这方面很难得到帮助，就好像当我们把一只动物带进家里时，这就成了我们的责任。我认为，询问一下与你的动物关系密切的人有何想法并无害处。但最终，你必须自己做出决定。一旦明确它们身体上的痛苦已十分严重，且再也无法改善，所有其他途径都已关闭，那么是时候做出那个可怕的决定，去最后一次拜访兽医了。可我有时确实担心这个时刻来得太早。我不愿意提倡安乐死的一个原因是我和母亲的经历但当你的动物无法忍受身体上的痛苦时除外。

我母亲患有严重的阿尔兹海默症。她享年97岁，她去世的方式和我希望班吉的结局一模一样。她闭上眼睛，再没睁开。几年前，有一次，当我看到她的阿尔兹海默症超级严重时，我问她是否希望自己能马上死去。她看上去十分震惊。“绝不！”她有力地答道。事实上，虽然我觉得她的生活质量严重低下，但我不确定她是否如此觉得。她几乎一直都很开心，仍然经常为自己的笑话而笑，而且笑得很开心。即使我很受煎熬，她也没有受苦。她几乎不能走路，吃得也少。但我无法进入她的脑海去判断她自己对生活质量的感受。我绝不会让医生结束她的生命。如果我知道她正忍受无法忍受的痛苦，也许我会有不同的反应。对动物来说也是如此：难以忍受的痛苦不是一个人想要的，无论是对人还是对于其他动物而言。

我希望班吉也能这件样。但如果你不同意我的意见，我只能劝你至少考虑要在家里做这件事，在你的猫或狗感到最舒适的地方，而不是在一个冷冰冰的兽医办公室里；更重要的是，不要去找一个它们不认识的兽医。我不是一个很擅长人类仪式的人（即使我的编辑说服我为动物增加了追悼仪式一章），但在这里，我要敦促你在最后一天安排一个你的狗会理解的仪式：在它最喜欢的地方，摆满它最喜欢的玩具，好好地爱抚，深情款待不断来道别的人，甚至其他动物朋友。或者，你可能会觉得强迫动物与他人互动太难了，也许它应该被至亲好友围在中间。但无论这些时刻多么美妙，你害怕的那一刻总会到来。我不能告诉你怎么做，因为我真的不知道。如果说有任何安慰的话，那应该是，你的猫或狗将不再感到疼痛。尽管如此，我还是害怕看到班吉的眼睛最后一次看着我，好像它清楚就是这样，它再也见不到我了。但很可能它不会这么想。更有可能的是，它会认为只是要睡觉，当它醒来时它会再躺在我的床上，我会在那里，他会舔我的脸——就像它一直做的那样，我们将在一起。我希望我也可以这么想。

我的一个朋友让·弗朗西斯寄给我这封信，讲述她失去了两只小猫的事情。我发现这个梦想特别了不起。

当我一个朋友的朋友死于癌症时，我收养了基蒂。基蒂大约15岁时，肾脏出了问题。经过大约一周的强化住院治疗后，他们告诉我基蒂没有好转。但我不想放弃，所以他们给我做了培训，让我在家继续治疗，包括皮下注射特殊药液。第一个晚上对我们俩来说都是一场斗争。基蒂过去常睡在我的床上，但当它试图起床时，却无法起床。我想把它拉上来，但我担心如果它需要上厕所的话，就不能上下床。我在厨房给它安排了一张床，就在它的食物旁边，离它的猫砂盆也不远。当它走开的时候，我听到了一个声音，我现在知道那是死亡的声音。第二天一早，我走进厨房，基蒂似乎正在休息，但随后它开始抽搐，我感觉到它快要死了。我不知道该怎么办，因为兽医院还没有开门。然后，就在我眼前，基蒂颤抖着，大叫着，不动了。我感到很无助。我只是呆呆地站在那里看着它死去。我向自己保证，当我的另一只猫甜心临终时，我不会让它忍受这么长时间的煎熬。我感觉是我让它经历了不必要的长期痛苦。甜心继续过着悠长而惬意的生活。但是，当它 9 岁的时候，它的健康也开始每况愈下。它患有甲状腺疾病、青光眼和慢性眼部感染，体重轻了很多，并出现尿失禁。所有的药物治疗似乎都不起作用，它继续消瘦下去。许多朋友认为我应该帮助它去安乐死，但我不想。一个朋友建议我不要把我自己的需要放在甜心的需要之前。另一个朋友认为甜心的尊严因为它尿失禁而岌岌可危，它会想死，但我很难这样认为。我不知道该做什么，我祈祷能明智而清晰地知道怎么做才是正确的。

第二天晚上，我做了一个奇怪但很有启发性的梦。我梦见我带着甜心去教堂祈福，但最后把它留在那里等待最后的处置。离开后，我感觉很糟糕，又回到了教堂，因为我没有机会真正说再见。当我到达那里时，他们告诉我甜心已经被带到另一个地方去接受最后的处置了。我匆忙地去了那个地方，希望能及时赶到那里。奇怪的是，这个地方不是一个普通的兽医诊所，而是一个汽车失事现场。我害怕它已经走了，请求让我见见它。但它还活着，他们把它带到了我身边。我想把它抱在怀里，告诉它为了它好我要结束它的生命，这样它才能避免痛苦。但当我看着它的脸时，它看到我非常高兴，因为它认为我是来救它的。在这种情况下，我不忍对它说那些话，然后我醒了，喊着它的名字。它正躺在我的床脚边，甜甜地喵喵叫着回应我。我非常高兴，并且确信它的最后时刻还没有到来。

在接下来的两个月里，甜心的健康状况持续下降。我带它做了更多的检查，并找了一位新的兽医来征求新的看法。但不幸的是，消息并不令人鼓舞。我被告知，对甜心而言，自然死亡是痛苦的。但我很难知道什么时候该放手去做那个决定。新的兽医决定尝试另一种干预治疗，但需要几周的时间来看它是否成功。我临时预约了一个安乐死的时间，但我希望如果甜心恢复过来，可以改为定期检查。

大约一周后，我醒来看到甜心躺在我身边。它试图站起来，但却站不起来，没力气了。我看着它，心里明白了。我的猫没有生病。它快死了。我带着它到厨房去拿些食物和水，它吃了一点，然后我不得不把它抱回来。我打电话跟兽医预约了第二天。那天早上醒来时，我又把它抱到厨房，让它坐在它的水盆前，但这次它连头都抬不起来了。它开始向前倾进碗里。幸运的是，预约就在一小时后，在我出城时帮我照顾过它的那个朋友和我们一起去兽医诊所。天在下雨，我用一条崭新的毛巾把甜心包起来，把它抱进了诊所。兽医很有同情心，允许我在整个过程中抱着它。甜心最后的记忆是拥抱和亲吻。我为它准备了一个特别的盒子，里面铺着一条新毛巾，还躺着一枝玫瑰花。

我们回到家，把它埋在我家旁边，现在那里长着一丛玫瑰花。

这个故事告诉我们，负责做出最终那个决定是多么的纠结、艰难和痛苦。兽医当然是权威，但我担心他们中的一些人，因为离死亡如此之近，且经常参与实施安乐死，可能并不总是那么敏感地感受到这样一个事实：他们面前的动物一直被深深地爱着，也将被深深地怀念着，所有没有什么事情能比即将做出的这个决定更重要的了。对于动物朋友的离去，永远不会有一个恰当的好时机。但有些时候比其他时候好。要是我们能确定我们已经知道了这个时机该多好啊。

我仍然相信，对你的动物来说，如果你能做到的话，最重要的事情是你在那里。我是这么说的，也是这么认为的。我需要解释一下班吉现在为何生活在柏林，而我们生活在澳大利亚的悉尼。两年前，当我们带班吉去柏林时，我们以为我们要定居那里。然而，事实证明，一年后我们不得不回到澳大利亚。当然，我们想把班吉带回来，这样我们就可以在一起了。但我们在柏林的兽医解释说，在班吉这个年龄，一次近 40 小时的长途旅行很可能会要了它的命。凭良心说，他不能给我们一张旅行许可证。此外，即使班吉可以旅行，即使到了澳大利亚，它也需要在另一个城市墨尔本隔离几周。我们一致认为，它可能无法经受这一切。所以它现在和它最好的朋友——我们的儿子伊兰——在一起。他们从小就认识，彼此都很高兴能在一起，即使班吉不再是从前的那只狗了。莱拉和我计划某个时候到柏林去做最后的道别。这并不容易。对任何人来说，与心爱的动物道别从来都不是一件容易的事。在写这本书时，我已经充分意识到了这一点。

第六章

哀悼大自然中的朋友

悲伤，是我们为爱付出的代价。

——科林·默里·帕克斯

千百年来，猫、狗和鸟一直与人类生活在一起，是人类忠实的伙伴。那么，与它们相比，野生动物的死亡对我们来说又有什么不同呢？

最重要的问题是——我们能否真的与野生动物成为朋友？不久前，人们还对此持怀疑态度。日益发达的互联网使我们有机会了解来自世界各地的故事，虽然大部分类还不为人知。现在，人类已经设法与完全无法驯化的野生动物建立起某种联系。有一点需要注意的是，这些动物大部分都是野生动物，但由于某种原因，它们还是与人类建立起了长期或密切的联系。

动物之家是一个特殊的场所，本章提出的许多观点都可以在动物之家进行可视化研究。我的意思是，很多被送进动物之家的动物都是，或者曾经是，野生动物。它们要么是野生野长的，要么是确实无法驯化的。我曾多次在动物之家中看到一些引人深思的特殊场景。动物们知道自己是安全的；也知道自己不会被虐待（我还想知道，它们是否知道自己不会被宰杀）；它们还知道，动物之家的人都是自己的朋友。有一个动物之家给我留下了尤其深刻的印象。位于北加州内华达山脉山脚下的动物之家，创始人是意志顽强的金·斯图拉，我对那里的火鸡尤其印象深刻。我不知道它们为何如此温柔、如此亲切，也不知道人类和火鸡之间怎么能形成如此深厚的感情。以下是金写给我的信：

> 火鸡之乡的雄火鸡比雌火鸡更漂亮，争奇斗艳的一般都是雄火鸡。但特蕾西是我见过的最漂亮的雌火鸡。它通身雪白，尾羽特别长。它在花园里漫步，就像一只美丽的天鹅滑过池面。它让我想起了年少时见过的青春美少女，真是心动啊。它无缘无故地啄艾莉的头，似乎只是为了提醒艾莉啄食的顺序：要让最美的先吃。
>
> 艾莉看起来并不显眼。它个头矮小，尾羽也短。可能经常被特蕾西啄呀、拔呀，所以它的尾羽特别短。但艾莉是我见过的最可爱的火鸡。任何来过动物之家的人都知道不能在艾莉进食的时候抚摸它，因为它会全身心享受你的爱抚而对食物失去兴趣。大个子特蕾西更是如此。傍晚时分，我把我的火鸡姑娘们引向它们的睡笼时，艾莉经常会像一块石头一样一动不动地瘫坐在草地上。非得给它翅膀下面的某个部位，也就是狗喜欢被挠的腰侧部按摩、挠痒痒，直到好几分钟后，它才愿意起来。
>
> 多年来，我经常反复做着同一个噩梦（我听说动物保护者经常遇到这种情况）：我正在外面做事，突然想起把狗忘了。

一天前，我把它们锁在某个地方，也忘了喂食添水，不知道它们有没有因为我的疏忽而死掉。几个月以来，我真的很担心火鸡们会遭遇我梦见的情况。我搬了新家，没法像之前那般一边工作一边看到窗外的姑娘们了，看不到它们在我面前吵着要出笼，或是要吃早晚餐。我觉得我工作压力太大了。我经常一大早就起来工作，在应该把火鸡从防狼睡笼里放出来之前，我已经在伏案工作了，偶尔会一连好几个小时把它们忘在脑后。

有一天，我整整忙碌了一上午，到中午11点时，我才想起它们，于是我意识到最好得定个闹钟。我把它们的起床铃定在早上8点，那时候附近就没有狼了，把它们的晚餐闹钟定在下午4点半。因为狗狗们每天日落时分都会催促我去悬崖边散步，那便当作是火鸡姑娘们的晚安铃了。在回来的路上，我们会穿过火鸡的院子，然后就让我的姑娘们进笼睡觉。

今天早上，我努力回想昨天傍晚发生的事情，然后突然猛地想起昨天日落时分我一直在专心写文章，所以我的舍友们替我带狗去悬崖边散步了。当时我正在为《洛杉矶时报》写一篇文章，事关一只法国斗牛犬，因被关入联合航空公司的舱顶行李箱中，不幸窒息而亡。

直到天黑很后久我才收工，做了一顿简易的晚餐，看了会儿每晚必追的网飞剧，然后上床睡觉。最可怕的噩梦成了现实。

“别去了。”克莱夫今早对我说道。他的语气很严厉，又带着一丝关怀。但我不是那种不敢面对心爱宠物的遗体的人。我走进那个花园，地上到处散落着羽毛、蛋黄、长长的肠子，以及一个看起来像鸡肝的器官。

角落里有两具尸体，但其中一具与其说是尸体，不如说是躯壳：特蕾西的内脏已经被吃得一干二净。但是那头重18千克左右的狼，在吃掉了11千克重的特蕾西之后，肯定是吃撑了，所以几乎没有碰过艾莉身上的肉。艾莉的脑袋不在了，我却松了一口气，因为这说明它一定很快就得到了解脱。我是多么喜欢亲吻艾莉的小嘴，用嘴唇感受它温暖的呼吸啊。它的头颅在花园中无处可寻，这也使我松了一口气，因为我接受不了看到那张小嘴永远不再呼吸的场景。

曾经，在工作不那么繁忙的早晨，我会坐下来喝杯咖啡，或在我们的花园里冥想，顺便抱着我的姑娘们。但今天我坐这里，身边却只有它们的遗体。太阳升起时，我的甜心们散发出的味道就像全食超市的肉食柜散发出的一样。

直觉告诉我，给动物之家经理苏西·科斯顿打电话。她也很喜欢火鸡，她一定会理解我的痛苦。我想，多年来她照顾了成千上万的动物，一定感受过为动物死亡负有责任的感觉。她肯定地说，意外总是会有，特别是当人们压力大、生活不规律的时候，就像我昨天那样。

她还说，我的姑娘们肯定去得很快，因为狼总是快速捕杀猎物。我想起当年把特蕾西和艾莉从屠宰场救出来时，它们的姐妹们还是被卡车送进了屠宰场，然后被倒吊在传送带上。

苏西建议，我没必要把这件事情公之于众。“你知道人们会怎么说。”的确如此。我想到了那些把孩子留在浴缸中，自己去接电话的母亲。她们在关键时刻忘了孩子，只是晚了一分钟便酿成了大祸。在她们生命中最糟糕的一天，她们面临的是警察的指控，却得不到任何人的同情。

我知道人们会怎么说，因为我也曾经那样。在我的火鸡们离去的那个晚上，我正写文章批判那个坚持要把狗放进舱顶行李箱的美联航的空姐和那个带着狗的女乘客。现在我知道自己彻底背叛了如此依赖于我的两个伙伴，而我也感受到了同等的痛苦。也许我在受到严厉批判后，将学会同情那些和我一样因愚蠢行为导致悲剧、从而受到严厉批判的人。

我知道并不是所有人都会为火鸡之死而哀伤：因为对大多数人来说，火鸡只是一种食物。但我认为，如今许多读者都能理解我的悲痛。人们开始意识到，我们对宠物和肉用动物的划分并没有原则性的区别，因此不同国家对这两类动物的区分也不一样。悲痛就是悲痛，无论是对飞机行李舱中的法国斗牛犬，还是在花园里被猎杀的我那两只心爱的火鸡，我们的内疚与悲伤都是一样的。

我不确定这些火鸡是野生的还是家养的，也不确定家养和野生之别会不会影响到金的伤心程度。但有的动物确实很野，野到无法在人类身边生活。狮子克里斯蒂安就是这样。克里斯蒂安出生在人工圈养场，1969年被送进伦敦哈罗德百货商店售卖，被澳大利亚人约翰·雷德尔和安东尼·艾斯·伯克买下。第一年，两人一狮其乐融融，共同度过了一段有趣的美好时光。但克里斯蒂安1岁后，大家越发意识到，成年大狮子不适合在大城市里生活。雷德尔和伯克结识了电影《狮子与我》（又译《生来自由》）的主演比尔·特拉弗斯和弗吉尼亚·麦肯纳，他们建议雷德尔和伯克向乔治·亚当森寻求帮助。亚当森是一名肯尼亚动物保护主义者，曾和妻子乔伊一起养大了母狮艾莎，并将其送回了大自然。亚当森同意帮忙将克里斯蒂安放归到肯尼亚科拉保护区。与克里斯蒂安告别一年之后，雷德尔和伯克决定到非洲去找它。但这趟旅行可能将徒劳无功：就算找到了，克里斯蒂安会记得他们呢？还是会攻击他们？这总是存在风险的，而且他们听说克里斯蒂安成了狮群的首领。他们开始在丛林中搜寻，希望能找到他们的老朋友。最后他们找到了。视频同步上关于这次邂逅的视频播放量已经达6千多万次。作为艾斯·伯克的朋友，我理解为什么这次遭遇会给他的生活打上永久的烙印。从视频中，你可以看到这只领着狮群的雄狮：它看着这两个人，慢慢地朝他们走去，就像一只猫准备扑向毫无戒心的鸟，然后开始狂奔。艾斯告诉我，他当时也是心脏狂跳：他即将迎来的是生命中最热情的一次会面呢？还是被一只曾经是朋友的成年大雄狮咬死？克里斯蒂安冲上去，后腿站立，挨个拥抱他们俩——就像见到了失散多年的兄弟一样。它用舌头舔过他们的脸，显然，它为再次见到自己的老朋友而欣喜若狂。随后，令人惊讶的是，整个狮群都走到这两个人面前，在他们的腿上蹭来蹭去，就像家猫那样。他们伸出手，抚摸这群彻头彻尾的野生狮子，他们以前从未见过这群狮子，狮子们也没见过他们。亚当森和狮子保持着安全距离，因为他不确定身为陌生人的自己是否会被狮群接受。但这种担心是多余的。朋友的朋友也是朋友，同样也受欢迎。看了这个视频，人们很难不为之感动。我们没有想到野生大狮子会与另一个物种的成员建立起长期联系，并在重逢时真情流露、欣喜非常。我想，这件事也让我们思考，如果所有人都把动物当朋友而不是食物或敌人，自然界将会如何。

更甚者，当人们拯救了一只野生动物时，这只动物出于感谢或为了报恩，始终与施救者保持联系，甚至决定与救命恩人生活在一起。

鳄鱼波乔和他的救命恩人奇托就属于这种情况。奇托是哥斯达黎加锡基雷斯的一个穷苦渔民。1989 年，奇托在雷文塔松河岸边发现了一条奄奄一息的鳄鱼。它独自躺在那里，孤立无缘——一颗子弹射中了它的左眼，并直穿其头部。当时，这条鳄鱼虽然体型庞大，体重却不足 68 千克。奇托决定不能袖手旁观——他要帮助这只可怜的动物。他把鳄鱼抱上船，带回家，并给它取名波乔。接下来 6 个月，奇托就睡在波乔身边，给它喂食，帮助它逐渐恢复健康。他后来说道：“光给吃的还不够，还得我爱它，它才肯活下去。”他的妻子惊骇不已，说有波乔就没有她，并让奇托做出选择。他选择了波乔。最后，在奇托的精心照料下，3 年后，波乔终于痊愈了，体重恢复到了 454 千克，身长近 5 米，身体状况良好，可以重返野外了。虽然心有不舍，奇托还是不情不愿地把波乔带到了附近一条河边，依依不舍地和它告别，随后回到家里，进入了梦乡。第二天早上醒来后，奇托惊讶地发现波乔又回来了，正在游廊里安然酣睡。此后他们没再分开，可谓形影不离。他们会一起在湖中嬉戏：每当奇托刚跳入湖中时，波乔会张开血盆大口朝他游来，但游到身边认出奇托后，便会闭上嘴，等着奇托像往常那样给个亲亲。此后 20 年里，他们都寸步不离，在水中为游客进行独一无二的“表演”。2011 年，波乔自然死亡，大家为它举行了国葬。

波乔与奇托的友谊是一个奇迹。此前，历史从未记载过人鳄之间建立友谊的例子，人鳄之间的友谊也被视为天方夜谭，因为鳄鱼是少数会攻击人类并将人类视为食物的动物之一。南非电影制片人罗杰 · 霍洛克斯以波乔和奇托为主角，拍摄了一部优秀的纪录片。有一次，霍洛克斯和一个同伴在南非进行洞穴潜水。进入某个洞穴后，他们迎面撞上了一条大鳄鱼。那条鳄鱼似乎被他们逗乐了，任由他们拍摄，看起来似乎满脸笑容。于是，霍洛克斯不禁开始思考，有没有可能去“驯养”一只野生鳄鱼呢？由此，在听说了波乔与奇托的故事后，霍洛克斯立即前往哥斯达黎加对他们进行拍摄。看到镜头下的情景，他狠狠地震惊了一把。月圆之夜，奇托跳进湖里呼唤波乔。霍洛克斯大为震撼：夜间的鳄鱼最具攻击性，夜晚正是它们捕猎的最好时机。手无寸铁的人类这个最软弱无力的“猎物”，怎能跨过藩篱去与自然界的最佳捕食者正面交锋呢？理论上，人类与鳄鱼这两个物种之间不可能建立起亲密的关系。但在霍洛克斯的纪录片中，这种情况确实发生了。是的，人类可以对鳄鱼产生好感，甚至称之为“爱”。但人类怎么能如此自欺欺人地相信，这是鳄鱼在报恩呢？这部特殊的纪录片名为《人鳄情缘》。在其结尾，霍洛克斯试图亲自和波乔一起下水，看看会发生什么情况。结果非常糟糕：巨鳄的肢体语言无法让人安心，显然，波乔的朋友只有奇托，其他任何人都不行。波乔死后，奇托悲痛欲绝。这是自然：奇托觉得自己真的爱波乔，而且得到了回应。奇托与波乔之间的确形成了一种独一无二的关系。那么问题来了：这种爱是基于他们彼此熟悉还是基于其他因素呢？霍洛克斯猜测，因为奇托在波乔生死攸关之时救了它，或许它脑中管理捕食的那部分区域发生了改变，便不会对奇托发动攻击。

霍洛克斯指出（我也听说过这种情况），许多人认为自己已经与野生猛兽成为朋友，却遭遇猛兽攻击，甚至丢了性命。即使人与这些动物已经相处多年，也会出现这种情况。你敢与鲨鱼——即便它看上去对人毫无敌意——同游吗？反正我是不敢。

许多人认为，人类不可能与鱼类建立任何关系，更不用说亲密关系了。我记得，当我为编写《哭泣的大象》一书做研究工作时，在加州大学伯克利分校遇到了一位非常杰出的生物学教授。他专门研究鱼类，对我们能想到的每一种鱼类都了如指掌。他有很多小鱼缸，里面养了很多鱼。我问他，在他看来，鱼在如此狭小的空间中会不会感到无聊。

他对我大发雷霆，因为我竟然认为鱼会有这样的感觉，或者说我竟然认为鱼有感觉。但那是好几年前的事了。我想这位优秀的教授会改变想法的，尤其是考虑到乔纳森·巴尔科姆写的一本有影响力的好书《鱼什么都知道》。这本书的主要内容是：鱼类极具多样性和复杂性，它们有意识，有情感，会交流，与鸟类和哺乳动物不相上下。

这本书讲述了一个奇特的故事，叙述者名叫塔莉·奥瓦迪亚。我联系了她，并请她给我提供更多细节。以下是她写给我的信：

> 3年前，我去宠物店买了一条河豚。我那时已经有了一个混养缸，里面装着其他各种鱼。但我知道河豚需要独处，所以我为它买了一个55升的鱼缸。我的第一条河豚是一条生活在淡水里的、小小的斑马狗头鱼芒果。它看起来很像苏斯博士笔下的某个角色。它长着一张卡通脸，用它近乎色彩斑斓的眼睛回应我的凝视，这些都深深地吸引了我。我彻底被迷住了，就这样开始了与芒果之间的关系。
>
> 这些年来，我和这条迷人的小鱼建立了一种意外的纽带关系。为此，参加聚会时，我不得不早早地离开以回家按时给它喂食；出城时，得请邻居“花时间陪他”，自己则疯狂地想它，那是任何言语都无法表达的思念。真的，我爱这条鱼，就像我爱其他所有事物一样。

回家的快乐可想而知，因为芒果总是在我进门时热情地游到鱼缸前，摇摆着身体。每天我们都会长时间地凝视着对方，是的，就是用眼神交流。一般情况下，我们会向对方表示“我懂你”。我发誓它有时会对我微笑，表示“我很欣赏你”。

11 年过去了，就像其他任何关系一样，我和芒果已经成了彼此的习惯。我非常认真地照料它，从未想过生活中会没有它。直到有一天，我回家时，它没有向我游来，这是从未有过的事。我知道一切都将结束了，于是请了一位兽医，看看我还能为芒果做些什么。兽医说芒果已经超过了鱼的平均寿命，它很可能得了癌症。我崩溃了。在接下来的 10 天里，我看着我的小家伙痛苦地挣扎，看着它的生命逐渐消逝。最后，它彻底离开了。我大哭了一场，把芒果和它鱼缸里的玉佛一起埋在了后院。

对于我和芒果之间的深情厚谊，我仍然心存敬畏，我每天都很想它。

我坚持认为，我们绝对无权质疑塔莉对自己感受的描述，但可能有人会质疑那些对鱼的感受的描述。我不怀疑，但我确实同意这样的说法：被圈养的动物的感受，无论是多么美好，都不能和纯野生动物的感受完全等同。这正是已故作家薇尔·普鲁姆德的叙述为何如此迷人的原因。薇尔·普鲁姆德是澳大利亚生态女性主义哲学家，于 2008 年去世。她因一次意外而闻名于世，但毫无疑问，她宁愿此事不曾发生。我在之前所著《百兽之王》中讲过这个故事，在此只作简单概述：

在参观澳大利亚达尔文市附近壮丽的卡卡杜国家公园（《鳄鱼邓迪》的取景地，该电影于袭击事件发生几个月后在那里拍摄）的时候，普鲁姆德曾露营在东短吻鳄护林站，并从公园护林员那里借了一艘4米长的玻璃纤维独木舟，去东短吻鳄河（光这个名字她就该心生警觉了，尽管她称之为短吻鳄湖）探险。

> 倾盆大雨中，我把独木舟撑到沼泽外一块露出地面的岩石上，匆匆忙忙地吃我那被雨水泡湿的午餐。突然，我有一种陌生的、被监视的感觉。我沿着河道往下，不过5到10分钟后，到了转弯处，前方水面上似乎漂浮着什么，就像一根棍子，但我记得之前上行时没见过它。当我随着水流朝它靠近时，这根棍子似乎长出了眼睛。

普鲁姆德抓住头顶几根树枝，还没来得及腾空而起就被鳄鱼抓住双腿、拖入了水下——“黑乎乎的湖水沸腾不已，就像一个高速旋转的离心机，似乎要扯碎我的四肢百骸，挤爆我的肺，然后把水灌进去”。

鳄鱼一下放开她，一下又抓住她，三番两次地把她拉入这个“死亡漩涡”。最终，她成功地逃到了一个陡峭的泥滩上，但身负重伤，左腿伤可见骨，却还是坚持往前爬了3公里，回到护林站。随后，她在达尔文市的一家医院接受了为期一个月的重症监护，并进行了大面积皮肤移植。经过深思熟虑后，她得出结论，表达了自己冷静而深刻的见解：

> 跳出我自己的故事不谈，从宏观的角度来看，我发现了一个令人震惊的、极度冷漠的世界，在这个世界里，我与其他捕猎对象毫无区别。“这不可能，我是人类，我不仅仅是食物”，怀着这样的想法，我对这个世界产生了极度怀疑。从一个复杂的人到一块单纯的肉，这样的变化不可谓不震惊。我想通了，不仅是人类，其他任何生物也都可以提出同样的诉求，即活着的意义远不止成为其他生物的食物。我们是可以吃的，但我们远不只是可以吃的。

因此，她拒绝了护林员提出去寻找那条鳄鱼并将其杀死的好意，并给出了充分的理由：鳄鱼只是遵从了自己的本能。这次袭击不含任何恶意，只是因为饥饿罢了。

我讲这个恐怖但具有教育意义的故事，只是为了引出普鲁姆德与一种只生活在澳大利亚的纯野生动物袋熊之间的非凡友谊。

袋熊生活在澳大利亚，是一种有袋类动物，看起来像海狸和獾的混血儿。赴澳旅游的游客认为它们是巨大的老鼠。它们肯定是某种鼠类：袋熊体长可达 1.2 米，体重可达 45 千克。由于体型巨大，袋熊的天敌很少。袋熊奔跑速度可达每小时 40 千米，可轻松超过尤塞恩·博尔特。袋熊似乎不怎么害怕人类。我与同伴驾车穿越澳大利亚乡村时，曾看到它们安静地坐在路边。新生袋熊只有豌豆大小。第一年，他们待在母亲的育儿袋中，第二年则待在母亲身边，一起生活在洞穴中。袋熊主要以袋鼠草为食。它们的肠胃蠕动很慢，进食后需要 14 天才能消化。澳大利亚人认为它们有些笨拙，但它们的大脑半球比其他有袋类动物的大脑半球要大。袋熊可以快速适应圈养生活并养成家居卫生习惯，听到有人叫自己的名字就会跑过来。但问题是：为什么有人想奴役（俘虏）一只野生动物呢？我一直觉得这样做是错误的。以下是普鲁姆德所述“她的”袋熊的故事。

我的袋熊比鲁比患病后不久，在 1999 年 8 月 18 日（星期三）去世了。我很想它，我仿佛还会看到它那可爱的身影（或“鬼魂”）若隐若现地从柜子的角落里或阳台上掠过。它死后很久，我还是忍不住用目光在月光下的草地上搜寻它的身影。12 年来，它一直是我生命中不可或缺的一部分。我难以相信它再也不会等我了，再也不会向我打招呼了。但最后，它还是离开了我。

我从野生动物救援组织把比鲁比带回家时，它父母双亡、营养不良、已经病入膏肓了。它的母亲也许死于兽疥癣，那是携狗同来的欧洲人带到澳洲的一种疾病，许多患上兽疥癣的袋熊不堪折磨、早早离世。当时，我儿子刚去世不久，因此我和比鲁比建立了一种强烈的情感联系。比鲁比这个名字的意思是“鼓”，是他在救援组织的第一个看护人起的，刚来时大约1岁，毛茸茸的，还没断奶。很需要人照顾，似乎还没有从母亲去世的打击中恢复过来。

比鲁比的母亲给予了它最好的袋熊教育：教它在洞穴（后来实际是我的房子）外排便，并教它在灌木丛中如何生存的基本知识。来我家还不到一天，它便学会了自己打开玻璃推拉门，随时到外面的灌木丛中去，它去得可频繁了。它能在袋熊世界和人类世界之间自由穿梭，从而可以积极地做出选择，平衡我们之间的关系，甚至在进入我的世界后仍然完整地保留它的袋熊本性。在弄清楚人类身份之前，它通常对人类保持警惕。如果房子里过于吵闹或令他不安，它就会到外面去。

在附近树林里的一个洞穴中安家后，它就把我家当作了供养基地。大多数晚上，它都会来，每次待一个小时左右，满足一些个人的、物质的和精神的需求（应他所求，我总是给他一些胡萝卜和燕麦，相当于袋熊饮食中的树根和种子）。第一年，它有一部分时间是在户外度过的，还有一部分时间是和我一起在床上度过的。

我努力探索比鲁比的思想世界，但总觉得还有许多未解之谜。这种弥合鸿沟的感觉正是我俩关系的魅力所在。我想这也是人类与袋熊这两个不同物种能建立起母子关系的核心所在吧。

比鲁比和其他袋熊一样意志坚定，坚韧不拔，且不会像狗那样按照人类的意愿改变自己的天性。它不承认人类比其他生物更优越；也不会自命不凡，认为世界围着他转。它具有独立的自我意识，追求权益和权利平等。袋熊正是因为这样固执和追求平等，才会经常与农夫发生强烈冲突。但我觉得这很有意思，因为这意味着你真的在与另一个真实的生命打交道，你们之间的交流不仅取决于你，还取决于对方。像对待狗那样对袋熊进行管教、惩罚，或是训练它们服从人类，都是行不通的；这样的做法不仅完全无效，还会从根本上危及我们之间的关系。

我认为，能如此直接、彻底地了解一只无拘无束、小心翼翼、几乎纯野生的动物，这是一种无上的荣耀。我们的关系跨越了野兽与宠物、森林与房屋、动物与人类，以及自然与人文之间惯有的那种界限。

与比鲁比并肩走在林间小径上，坐在桌前一抬头就能看见一只原本居住在森林里的袋熊安坐在火炉旁的扶手椅上；这就像童年幻想的故事场景，多么迷人、多么令人陶醉啊！比鲁比，你有勇气自由地跨越这些界限。那我们呢？

"再见！比鲁比！我们永远爱你。"

那么，普鲁姆德在为谁悲伤？无论她说为了谁，所有人都必须铭记这个教训：我们无权对任何人说他们那么悲伤是错误的，或者说他们没有权利悲伤。对如此珍贵的情感感到悲伤，这是再自然不过的事了。要知道，全世界都找不出几个与袋熊有过亲密接触的人，也许普鲁姆德为此而悲伤是因为这份感情是如此神秘，它存在时是如此美妙，而今却不在了。我想，所有失去动物朋友的人的感觉都是一样的：曾经，它们与我们相知相识，相守相伴，眼神交换，心有所感；而今，它们走了，不再与我们相伴，不再凝望我们，也不再与我们情感相通。

让我们停下来想想这两个故事之间的区别：普鲁姆德从鳄鱼袭击中得到的教训是：人类并不处于食物链的绝对顶端，或者说，食物链的概念本身就是一种误导。她写道："在那个平行宇宙中，我突然变成了一个可食用的小动物，我的死就像一只老鼠的死一样渺小。"

对鳄鱼而言，我们只是一块可食之肉，对某些鲨鱼亦然。但我们喜欢幻想自己能与大型食肉动物互动，就好像我们都属于一个快乐的大家庭一样。因此，我们对人类与鳄鱼、鲨鱼、灰熊、大型猫科动物等食肉动物建立的友谊很感兴趣。尽管有时我们确实会和自己身边的动物建立起相似的友谊，但大部分情况下，我们还是会想当然地犯下致命的错误。举个例子：众所周知，河马会背叛他们的人类"朋友"，一口咬碎他们的头颅。大型猫科动物亦然。

还有熊也是。这种情况在熊身上也许比任何其他动物都要多，特别是堪察加半岛的大型俄罗斯熊。我不禁想起了已故的加拿大人查理·罗素与他的熊。查理·罗素是一位自学成才的熊类专家，于2018年去世，享年76岁。他非常出色，被许多人认为是世界上研究棕熊的唯一权威。罗素在俄罗斯偏远的堪察加半岛东部与灰熊一起生活了12年，研究它们的行为，并学习如何与它们共处。大多数人认为熊性格孤僻、脾气暴躁、十分危险。也许它们确实如此，但罗素认为“熊是一种聪明的社会性动物，完全被误解了”。为了证明这一点，他在堪察加半岛一个完全与世隔绝的黑暗森林里建造了一个小木屋，每年至少在里面待上3个月，慢慢地与熊结为朋友，一直持续了10年。

问题是，在这样一个偏远地区，也有一些人出于另一个原因对熊感兴趣：他们想要熊胆。在某些地方，人们认为熊胆可以壮阳、治病，其价值与黄金相当。当罗素于2003年回到堪察加时，他的熊朋友都消失了：它们被屠杀了。他的小屋门上钉着一个熊胆，以示警告。

罗素的父亲是一位著名的博物学家。有一次，父亲带着罗素和他哥哥去了不列颠哥伦比亚省的皇家公主岛。罗素对熊的兴趣就源于这次经历。一开始，那里的熊远远地一见他们就逃走了。他们回到营地，放下枪。随后，熊似乎明白了他们不会对自己产生威胁，便允许他们靠得更近一点。罗素由此认为熊并不像人们认为的那样富有攻击性：它们只是在自卫而已。

罗素告诉父亲，他不想去大学里学习熊的知识，而想深入熊的生活环境之中对熊进行深入了解。他把熊看成老师，而不是研究对象。有的熊从未接触过人类，所以不会丧失对人类的信任或是害怕人类。罗素正是想和这种熊在一起，因此他来到了堪察加半岛。冷战期间，堪察加半岛是一个无人居住的军事保护区，甚至不允许平民进入。1996年，不知罗素怎么说服了俄罗斯政府，允许他（乘坐他自己用一套工具制造的飞机）飞到堪察加半岛，并在湖边建了一个小木屋。果然，熊开始来到小木屋附近闲逛（也许是出于好奇），并经常怂恿罗素和它们一起去森林里散步。

最令罗素印象深刻的事情发生在20世纪90年代初。加拿大唯一的灰熊保护区位于不列颠哥伦比亚省西北部，当时罗素正在这里引导观熊者。有一天，罗素坐在一根长满青苔的木头上，此时一只他称作“鼠溪熊”的动物向他走来。罗素尽力保持镇静，对这只雌灰熊说话。随后它在他身边坐下了，伸出一只爪子，轻轻地抚摸着他的手。罗素摸了摸熊的鼻子，然后不假思索地把手指伸进它嘴里，抚摸它的啮齿。“它本可以咬碎我的手臂，甚至把我吃了当晚餐，”罗素感叹道，“但它没有这么做。”

在俄罗斯，罗素有一次终生难忘的经历。当时出现了一只母熊和两只小熊。传说自然界中没有任何动物比带着幼崽的母熊更危险，所以罗素十分警惕。但这只母熊只是想找个人照顾它的两只幼崽，自己则去寻找食物。毫无疑问，它观察了罗素与动物园里10只小熊的相处过程（这是一个实验，目的是为了证明这些小熊是否可以放归野外——结论是可以），认定罗素值得信赖。但罗素的种种行为和他发表的文章引起了猎人的不满。正如他在2009年的一次采访中解释的那样：“在狩猎文化里，需要给动物塑造一个凶恶的形象，这样人们才会认为猎杀这种动物是很勇敢的行为。”不幸的是，由于罗素与熊的和谐相处，熊开始信任人类，允许猎人靠近，猎人不费吹灰之力就杀死了它们。“它们太容易被杀了，”他感叹道，“这简直就是噩梦啊。”

罗素于 2018 年去世，若说他的离逝与过度悲伤有关，我也不会感到惊讶。他对野熊之死悲痛欲绝，却几乎无人能懂。毫无疑问，这种“情感孤岛”也对罗素造成了影响。他完成了一件所有人都认为不可能的事情——敞开心扉接受野熊的爱，但大部分人都无法感受到这种爱。罗素的悲痛尤其令人心酸：这种痛苦无人分担，他只能独自承受。

罗素爱那些熊吗？他对它们的遭遇感到难过吗？当然，而且这些感受尤其深刻。熊也爱他吗？我承认，这个问题我们确实无法回答。说“爱”可能有点夸张，但可以肯定的是，熊对他的态度是友好的。这已经很了不起了。正如罗素所言：“每个人都认为熊凶猛好斗，随时会攻击人类，但我认为它们是一种热爱和平的动物。”

这也向我们提出了一个最近才得到关注、且相当微妙的问题：我们是否会为一只陌生的动物感到悲伤？我认为答案应该是肯定的，除非我们忽视许多人的类似经历，我认为，我们永远不应该这样做，这也是我希望人们从这本书中吸取的教训：不要轻视他人的痛苦。现在，情况已经发生了变化：有的人看完关于动物的视频，流下了眼泪；有的人试图将动物（鸡、猪、牛）从恶劣的生活环境中解救出来，看到动物是如何被迫按照人类意愿行动后，他们会忍不住泪流满面；看到（有时只是听到）其他动物的痛苦，他们的同情心和同理心就会被激发。我自己也曾在看到屠宰场的运输车时，突然意识到车上的牛羊在看着我。起初我以为它们在恳求我做点什么，但现在我认为它们在向我传达某种更深刻的东西：它们目睹了我的无所作为。我知道这听起来太残酷了，而且这只是我自己的猜测。但它们的眼神让我感到不安，所以我很不喜欢经过这种卡车。有一次，我在新西兰南岛的田野里漫步时，经过一群奶牛，它们都停下来盯着我看。我走近围栏，它们都走过来，紧张地看着我。我突然感到羞愧，但却不知道为什么。我为等待着它们的命运而感到悲哀，但却无法拯救它们，这让我感觉很糟糕。你也可以说我只是在多愁善感，但已经有越来越多的人在生活中体会到了相同的感受，这实在是令人不安。

如果你像我一样喜欢上网搜索特殊的故事，你就会发现还有许多人和其他动物建立了非凡的友谊。看上去，这些动物大多会本能地与自己的同类建立亲密关系，由于某种原因无法做到这一点时，他们偶尔会求助于人类。我本想加上“作为替代品”这几个字，但也许我错了。也许有些动物选择人类只是因为它们喜欢人类。

我大概 10 岁时，住在加利福尼亚山谷里，不知怎的就成了 4 只小鸭子的“妈妈”。我每天走路去上学时，它们都一路相随，但它们不可以进入学校，便只能在附近的公园里自娱自乐，等我放学后再一起走回家。我家有个大花园和一个小水池（对它们来说就是池塘了）。我很喜欢它们，它们一定也很依赖我，但我认为那主要是因为著名的动物“印刻效应”：我是他们孵化出来时看到的第一个生物，自然而然地被它们当成了妈妈。

但有时，一只野禽决定与人交朋友是没办法解释原因的。有一只大雁就是这样，它与公园里的一位退休老人成了最好的朋友。每天老人散步时，它都跟在后面。它还想跟着他回家，但由于老人要骑维斯帕摩托车回家，一再劝阻之下它才作罢。从视频中可以看到，有时大雁赶也赶不走，在老人离开公园时非要飞在他的头顶上方。我们不知道这个故事的结局，但如果他们分开了，老人一定会很难受；但也可能是老人先去世，那伤心的就是大雁了。

还有些例子甚至更引人深思。例如，生活在森林或丛林附近的人们，碰巧得到某只动物的青睐，甚至被他们要求陪伴。毫无疑问，这些人对此深感荣幸，觉得自己与众不同、万里挑一，是“这只动物认为我很特别。”

想想这样的现实情况吧：几乎每个人都会幻想自己与野生动物成为好朋友，但野生动物大概不会有同样的幻想。

当然，每个孩子都会幻想与强大的野生动物结为朋友（见《森林王子》）。但我相信，他们这样幻想时也知道这种关系终将走到尽头，还知道关系的结束会令人悲伤和哀痛。我们与野生动物的关系无法完全跨越物种之间的藩篱，且通常没有好结果。对此，孩子们也有所感觉。我觉得正因为此，他们与猫和狗关系非常密切。毕竟，猫狗已经与自己的野生远亲断开了联系，再没有人像孩子那样与猫和狗建立起紧密的联系。

有句话或许有点迷信，但我想做出新的解释。那就是，我们不知怎的认为有许多事物难以理解。我想问问大家，50年或

100年后，倘若有人回过头来看我们现在并且说："他们怎么能这样？""他们怎么会这么笨呢？"，那你怎么看呢？我敢肯定，谜题之一就是植物。几年前，我们会对"树有意识"这样的观点嗤之以鼻（彼得·汤普金斯和克里斯托弗·伯德写于1973年的一本愚蠢但有趣的书《植物的秘密生命》除外）。但如今，已经有越来越多的人认为，树是有意识的。

1995年，英国广播公司出品了大卫·爱登堡拍摄的精彩纪录片《植物私生活》。也许自那以来，人们对这个话题已经更加敏感了。这个纪录片结尾是一段睿智之言：

> 自人类诞生以来，植物就不断遭到砍伐、挖掘、焚烧、毒害。今天，我们对植物的破坏之大更是史无前例……这是十分危险的。没有了植物，人类与动物都将无法生存。现在，是时候好好珍惜地球上这些绿色宝藏了，不能再洗劫它们了，否则，没有了植物，人类必将灭亡。

现在，我们来谈谈之前提到的那本大受欢迎的书——《树的秘密生活》。这本书向非专业人士清楚地展示出树和树之间有多少的交流，而树木的生活实际上又是多么的复杂。

我之所以提到这本书，是因为我发现很难解释我为什么憎恨人们砍伐植物，但书中对植物感光性与敏感度的新理解可能会有所帮助。身边没有植物时，我会想念它们。植物应该也知道，我给它们浇水、照料它们，使它们的生活更轻松惬意。当然，它们也让我的生活更美好：我喜欢周围满是郁郁葱葱、生机勃勃的植物。其实每个人都喜欢。甚至连医院也意识到，如果病人身边有绿色植物，如果他们推开窗户就能看到绿色画卷，他们就会恢复得更好。

我年轻时“养过”鸟。我给这个词打上引号，因为我觉得这种做法是不恰当的。这是因为鸟类真的不该被饲养；它们应该自由地飞翔，找到自己的伴侣，按照大自然的旨意生活。无疑，我们与我们所饲养的鸟建立了非常牢固的联系，而且似乎是双向的联系。许多鸟类一生只会有一只鸟类伴侣（也就是说，它们的婚姻不像人类这样有离婚率之说）。因此，失去合适的鸟类伴侣之后，他们别无选择，只能与人类建立关系。确实如此。我年轻时就和“我的”鸟儿们建立了这种关系。最近，我看了一本了不起的书：罗琳·林德纳博士的《治愈的羽毛：一个关于人与动物互相治愈的真实故事》。通过这本书，我意识到了人与鸟的感情可以有多深。罗琳是一位专注于治愈创伤的心理学家，主要为患有创伤后应激障碍的退伍军人进行治疗。她在占地1.5平方千米的西洛杉矶退伍军人管理医疗保健中心建立了宁静公园庇护所，让有心理创伤的退伍军人照顾受伤的鹦鹉。现在，宁静公园庇护所已经转移到洛克伍德动物救援中心，为狼、狼狗、土狼、马、鹦鹉等动物提供服务。这些鹦鹉有的是被它们以前的“主人”“抛弃”了，有的是因为遭到“主人”忽视或虐待而被当局带走的。我曾多次访问过罗琳的庇护所。她有一种特殊的天赋，可以接近这些鹦鹉。我写信给她，请她告诉我鹦鹉的死亡对她产生了什么样的影响，她回了下面这封信。对于鹦鹉之殇，我从未读过如此深刻的描述：

> 就在我准备从临时寄宿地接回萨米和芒果这两只莫鲁卡凤头鹦鹉的前几天，我接到了照看人的紧急电话，她说芒果正躺在地上、流血不止。
>
> 创伤之下，我们通常会进入到一种意识和身体分离的状态，一切似乎都成了超现实。有人说他们会感觉时间过得特别慢；有人说他们会感觉意识游离于身体之外，浮在上空木然地俯瞰着身体动来动去。我已经想不起那天是怎么开车去接芒果的了。犹记得是一个朋友开的车，一到庇护所我就把芒果搂在怀里，一直到兽医办公室才放下。它呼吸困难，眼睛缓慢地一睁一合。它浑身是血，我辨认不出伤口的位置。它那双明亮的眼睛正在渐渐失去神采。那天正逢劳工节长周末，医治鸟类的兽医不在城里。于是，我把芒果带到了一家24小时值班的兽医医院，整夜守在它身边。
>
> 兽医给它包扎了伤口，止住了血，然后给它输液。芒果不再浑身是血，看起来更像昔日的它了。
>
> 它像是睡着了，我赶紧凑过去，想确定它还在呼吸，但见它小小的胸脯一起一伏，便忍不住说：“拜托，挺住啊！”
>
> 它醒来后，努力地和我眼神交流，呼吸急促但平稳，似乎感觉好多了。我跑到隔壁一家通宵餐馆买了一个它喜欢吃的烤

红薯，他吞下了几口。我想它也许挺过来了。它真是个坚强的小家伙。

它清醒的时间不长。每次它睡着时，我都默默祈祷它能再次醒来。但第二天早上，它还是咽下了最后一口气。它小小的身体颤抖着，然后永远地离开了我。值班兽医说它伤得太重了。

它遭到了一只浣熊的袭击。浣熊很聪明，它们会观察，知道若是抓住鸟笼的铁丝网摇晃，鸟儿就可能会飞起来或掉到地上。当鸟儿往栖木上爬时，浣熊就会把爪子伸进鸟笼的铁丝网里去抓住鸟的脚。鹦鹉也很聪明，它们学会了直接飞回栖木上，以此来躲避浣熊。但芒果不会飞，只得沿着鸟笼的铁丝网往上爬。

也许它对浣熊很好奇，他总是对一切充满好奇，最后甚至很可能对浣熊说了声“你好呀。”

芒果怎么能离开呢？加州每一个平淡美好的日子里怎么能没有它呢？我衬衫上还残留着芒果身上沾染过来的干了的血迹。我浑身颤抖，但因疲惫还是悲伤我已无从分辨。我爱芒果。它总是让我以及它身边的每一个人开怀大笑。它感情丰富，心怀悲悯，待人忠诚。

我多希望周末之前就已经把芒果带回洛杉矶了啊，但如今说什么都晚了。我哭了。我开始更多地躺着或睡觉。有时候，我只是望着天空发呆，心想着“要是如何如何”会怎么样；有时候，我心情沉重，与世隔绝，任凭外面的世界兀自喧嚣。我的小可爱啊，它不在了。

如今我明白了，这种感受绝不只是因为失去了一只鹦鹉。作为一名心理学家，我知道一次失去会唤醒过往所有与失去有关的回忆。雪球滚落山坡时总是越滚越大，速度也越滚越快；痛苦亦然。我知道，我的悲伤之所以看起来无法慰藉，一部分原因是对我以往失去的那些伙伴们感到难过。我从未好好悼念过他们，而是努力把痛苦埋在心底。“逃避现实”有时候是很管用的。但正如创伤应激研究领军人贝塞尔·范德科尔克所言：“身体从未忘记。”悲伤一直都在，不是在身体里，就是在心底。

我现在之所以能把这件事写下来，是因为我确实有机会从失去的阴影中走出来了。我想念我的母亲。我希望那时候母亲没有生病，希望我有个更幸福的童年。我想念这些年来失去的朋友们。我感到很孤单。芒果的离世促使我深刻地反省自己：我选择原谅自己、原谅浣熊、原谅任何我想责怪的人。在选择原谅的那一刻，我的悲伤变得不再沉重。

我几乎每天都在想念芒果，但我宁愿忍受失去的痛苦，也不愿从未认识过它。它从这个世界上消失了，但这并不意味着我对它的爱也消失了。我内心虽有一小块地方阳光再也照不进来，但这并不代表我会放弃任何得到爱的机会。每当我想念芒果的时候，我就会想起哈利勒·纪伯伦的一句话：“当你悲伤时，再深察你的内心吧，你将明白，事实上你正为曾使你快乐的事哭泣。”

还有一件事让我很揪心：萨米当时肯定吓坏了。一想到它目睹了芒果遇袭的整个过程，我就深感不安。我很庆幸它没有和芒果结成一对配偶，而只是一对知己，所以它不必深痛哀悼。芒果离去的那天清晨，我开车把萨米接回了家。它起初整天提心吊胆，躁动不安，但过了几天就稍微冷静下来了。它并没有太过悲恸，而我夜夜哭泣，一连好几个星期。很长一段时间里，我都和萨米寸步不离，抚摸着它身上与芒果几乎同样的羽毛，聊以慰藉。

我仍为芒果感到悲伤，我怀念这样的场景，那只可爱的小凤头鹦鹉恳求我抚摸他，喂他吃最爱的美食。无论过去还是现在，萨米和芒果都是我的家人，我也希望萨米能和我更亲近一点。

它和我们一起生活了 7 年。

后来有一天晚上，我和丈夫马特结束了一天的旅行后回到家，看见萨米站在地上。这可不是个好兆头。栖息在树上的鸟类很少长时间待在地面上，因为捕食者太多了。马特和我面面相觑，然后一言不发地把它裹在毯子里，径直驱车下山，去找我们信任的鸟类兽医。

在路上，我想起了那个恐怖的夜晚，我带着血流不止、神志不清的芒果去往 24 小时兽医诊所。但这次不一样：我丈夫就在身边。他给兽医打电话，告知我们什么时候到，并请他为萨米做好手术准备。尽管如此，我还是感到同样无助，希望自己能做点什么让它好起来。我们到达时已是午夜了。我平静地和萨米聊天，但我能感觉到它有些疏远。它不看我，只是瞪着前面，目无焦距。

我们整晚都陪着它，希望它保持清醒。“加油，宝贝，坚持住。”我给它加油打气。

但兽医也回天乏术了。

它双眼紧闭，呼吸微弱。我满心希望它的胸脯不要停止起伏。忽然，萨米睁开眼睛，盯着我的双眼。它用嘴抵住鸟笼一边，伸出小爪子。我抓着它的脚趾，它则回握住我的手指，紧紧地抓着。我希望自己可以一直站在那里，任它想抓多久就抓多久。那一刻，我们仿佛血脉相连，呼吸相通，心跳一致。当它的爪子滑落时，我感觉心跳漏了一拍，不由地屏住了呼吸。那一刻，我知道，它走了。

当时，马特就站在旁边搂着我。失去萨米的感觉太难受了，但我很庆幸，这一次，我不必独自承受。

兽医诊断萨米是铅中毒。谢天谢地，它是突然发病，但它体内的铅可能已经积聚了数周。但是，我们给它喂的都是纯天然食品，在它身边也没有用过刺激性化学品，也确保了它的玩具都是安全的。那它怎么会中毒呢？它房间里靠近天花板的地方倒是有一个旧橱柜。也许上面的油漆含铅吧。但萨米从来不会飞，它是怎么上去的呢？

我感觉似乎对不起它。就是因为萨米的激励，我才从事了现在这份工作。对我来说，它比其他任何动物都更重要。我从未见过像它这样的凤头鹦鹉，也从未对任何事物付出如此多的心血。我们共度了28个春秋。由此我意识到，为什么我们会在失去亲人时如此悲伤，我们真的是全心全意地对待它们，所以当它们离开时，我们也失去了自己的一小部分。

但我感觉自己丢失的不仅仅是一小片，而是一大片，是再也找不回来的一大片。

但我至少可以安慰自己，萨米帮助治愈的人比大多数鹦鹉乃至人类治愈的还多。对于萨米曾进入我的生活这件事，我将永远心存感激。我爱了它将近30年。我仍记得那年，它被独自留在贝弗利山上托管所里的痛声尖叫。就是那痛苦的叫声吸引我前去救了它，同时也救了我自己。我仿佛仍能听到那叫声在城里空旷的街道上回荡，我觉得那是它在呼唤我，而我恰好回应了它的呼唤。

鲸类研究专家托尼·弗罗霍夫给我讲了一个关于野生动物之死的凄美故事。这个故事影响了许多人，特别是太平洋西北海岸那些喜欢虎鲸的人（当然也包括我）：

客观公正，这就是科学的要求。但是，如果“受试者”另有其人——人类或虎鲸，你的主观情感就很容易左右你的理性思维。在做科学研究时，我们被告知永远要保持头脑冷静，绝不能感情用事。但我们不能否认，可削减兼具理智与情感，尽管他们尽了最大努力对此加以隐藏。但科学家也是人。我们不必假装没有情感，我们大可承认自己的感情，并努力成为一个“完人”，既是人类动物又是研究人员。

露娜是一只虎鲸，它以最罕见的方式进入了不列颠哥伦比亚的人类社区。因为我们每个人都花了时间和精力去了解当地的虎鲸群，可以说我们对虎鲸是很了解的，然而露娜却打破了我们对虎鲸的许多认知。最早有人发现露娜是在1999年，当时它还是头幼鲸，属于南部居留鲸的虎鲸氏族一员。2001年，媒体报道露娜“失踪”了，并认为它已经死亡。后来，露娜竟出人意料地独自现身于加拿大温哥华岛附近一个名叫努特卡湾的偏僻峡湾。

露娜是如何来到努特卡湾人类社区的，以及它作为一个“蹒跚学步的孩子”，是如何独立生存的，这仍然是不解之谜。据了解，它的族群此前从未进入过该峡湾，而这些虎鲸群的成员会终生与其母亲及兄弟姐妹生活在一起。它们表现出一定程度的家庭凝聚力，甚至可以媲美联系最紧密的人类文化。

露娜抵达该峡湾时，似乎渴望，甚至极度渴望和这个相当偏远的沿海社区生活、工作和娱乐的人们建立起联系和伙伴关系。起初，露娜有趣的经历引起了居民们的好奇、惊讶和喜悦。人们开始会去抚摸它，用棍子或其他物品跟它玩游戏。

显然，露娜正试图与工作和生活在水边的人类建立关系，从而使这些人成为他族群的“替代品”。露娜渴望与身边任何人玩耍。它就像一只巨大、温和，但偶尔也有点笨拙的水栖猫咪，不仅尝试与人玩耍，还尝试与小船、橡皮艇、舷外发动机甚至渔具玩耍。为此，渔民和其他人开始感到懊恼：他们试图欣赏这只友善的虎鲸带来的滑稽表演，前提是不影响到自己的工作或营生。对一些人来说，露娜的出现是童话里愿望清单上的祝福；但对另一些人来说，却像是一种诅咒：他们担心露娜会威胁到他们的生计，有人甚至扬言要伤害露娜。

努特卡湾不仅生活和工作着海滨社区的人，这里也是原住民莫瓦切特·穆恰拉特土著部落的家园。对他们而言，露娜的存在就他们的精神传统来说具有不同的文化意义。加拿大渔业和海洋部与土著部落的人一起就如何“处理”露娜进行了讨论，但并未达成一致意见。把它送回自己的部落？还是让它留下来？跟它做朋友还是远离它？由于意见无法达成一致，冲突接踵而至。

莫瓦切特·穆恰拉特的渔业部门邀请我就有关露娜的审议案提供协助和建议。他是科学家所谓“孤独但善于交际的鲸鱼”。研究和保护这些独特的海豚和鲸鱼已经成了我的专业研究领域。但在当时，最为人熟知的独特鲸类主要是宽吻海豚和白鲸。不幸的是，无论这些海豚和鲸鱼多么努力地“融入”人类社区并为人所接受，且无论它们有多少仰慕者，总有人想要它们离开，甚至更糟。

我和一群深受敬重的虎鲸和其他鲸类研究专家来到努特卡湾。我们一致认为，即使在最理想的情况下，露娜也无法从本领最高或最善良的人类身上获得它所需要的社会联系。我们提议，发出请愿书进行传阅，让民众乃至小学生都写信给渔业和海洋部来呼吁大家“拯救露娜”。离开努特卡湾之后，我们依然密切关注露娜的消息，强烈希望可以帮助到它。我和人人敬重的虎鲸研究员肯·巴尔科姆一起向加拿大渔业和海洋部提交了一份提案，呼吁大家帮助露娜重返鲸群。但这份提案被闲置了好几个月，可能都积灰了，露娜却还在孤零零地等待着。人类的政治议程凌驾于这份提案之上，全然不顾这只美丽却悲情的幼鲸急需我们的帮助。

几个月后，我正乘着一艘考察船，在夏威夷那天堂般的水域上航行，这时我的手机响了，一个朋友告诉了我这个消息。她说:“我不想让你从记者或陌生人那里听到这个消息……可是，露娜死了。”我并未感到惊讶，但仍感觉自己的肚子仿佛被打了一拳。我至少需要知道，它的死亡过程是否痛快。谢天谢地，朋友说“是的”，还说露娜是因为离一个巨型船用螺旋桨太近而被意外击中身亡的。尽管露娜之死并非有人蓄意而为，但它过早的惨死却表明人类完全没有能力对其他物种带给我们的巨大而神秘的机遇做出人道、公平和恰当的反应。我为露娜失去的一切感到悲伤……无论是它生前还是它的早夭。我们与其他物种生活在同一个星球上，而我们一直在摧毁我们共同的家园，从而使它们也遭遇了巨大的损失，我为它们感到悲哀。

我们已经看到，人类会为外形各异且大小不一的动物伙伴——甚至与之建立了联系的野生动物——感到悲伤。那动物呢？野生动物会为彼此感到悲伤吗？我认为答案是肯定的。大约25年前，当我的书《哭泣的大象》首次出版时，这一观点并不为大家广泛接受。但现在我认为，即使是传统的动物行为主义者也大都能接受这一观点。那我们能更进一步吗？如果大象会为同伴之死感到悲伤，那他们会为人类的死亡感到悲伤吗？以《象语者》的作者安东尼·劳伦斯为例。2012年，他因心脏病病逝，享年61岁。在他位于南非夸祖鲁的图拉图拉，面积2平方千米的野生保护区中，两个象群的31头大象跋涉180千米，来到已经阔别了一年半的劳伦斯家，在那里站了两天两夜，不吃不喝。显然，象群在向他们的朋友致敬、哀悼。毫无疑问，这就是大象们当时正做的事情。几年前，劳伦斯救了他们的命：有人跟他说，这个由10头大象组成的象群将被射杀，包括3头母象、3头年轻象、2头公象和2头小象，除非他同意将象群纳入自己的私人保护区。劳伦斯同意了。只有经过耐心和冷静的观察后，大象们才会信任他。但最终他们做到了，这就是他获得“象语者”这个称号的由来。

我想以一个关于两只老鼠——基亚和奥拉的故事来结束本章。它们之所以有名字，是因为它们是我的宠物鼠，或者更确切地说是家鼠。我们把它们从新西兰的一个实验室里救了出来，与它们像朋友一样生活在一起。是的，没错，我知道。人们不会把老鼠和友谊联系在一起，但我们的两个儿子当时都还小，就对这些老鼠着迷，到哪去都要带着它们，甚至偶尔带它们去上课。我们意识到了老鼠是多么富有感情。有时晚上在家，我们会把它们放出来；第二天早上，它们就会依偎在我们的脚边。它们喜欢和我们玩，似乎特别喜欢我们轻扯它们那纤细的胡须。家鼠一般活不过两年，但它俩都活了两年半。它们死的时候，我们全家都为之哀悼，而我的两个儿子尤其难过。如今，两个儿子已分别 23 岁和 18 岁了，但他们仍会不时地说，“记得基亚和奥拉那次……”，接着便会讲一个它们如何滑稽搞笑的有趣故事。所以，是的，我们为我们的老鼠而感到悲伤，查理 · 罗素因被猎杀的熊而悲伤，普鲁姆德因为她的袋熊而悲伤，金姆因为她的火鸡而悲伤，罗琳因为她的鹦鹉而悲伤，这一切都没有什么好羞愧的。可以说，为动物悲伤使我们成其为人，也可以说，为动物悲伤使我们成其为另一种动物。

第七章

如何对孩子解释小伙伴的离去

我们的责任不是教孩子如何坚强地面对这个冷酷无情的世界，而是把孩子培养好，让他们可以改变世界，使之不再如此冷酷无情。

——L.R. 克诺斯特

我想，跟孩子解释动物伙伴的死亡是一件让人犯难的事，就像不知道该如何跟他们解释人类的死亡，很难解释什么是死亡。而且向孩子解释动物伙伴之死还要面临一个特别的难题，他们和动物伙伴之间关系亲密。孩子跟动物一样天真无邪，从这个意义上来说，他们跟猫和狗比跟大人、甚至跟父母更加亲近。我还记得小时候在美国棕榈泉市时，一辆汽车撞死了我心爱的威尔士柯基犬。我茫然地看着它了无生气的尸体，完全不知所措。上一秒我们还在沙漠里奔跑，现在它却躺在这里一动不动。上一秒我们还是最好的朋友，现在我叫它，它却没有任何反应。我的世界怎么转眼间就被颠覆了呢?！我不记得大人跟我说了什么，但这些话也不会带来任何改变。我的狗狗不在了，他们不能让它重新回到我身边。突然间，我觉得父母也无能为力，谁都安慰不了我。

我知道，即便是没有任何宗教信仰的人也会告诉孩子说，他们的宠物去了另一个地方，而且会在那里等着他们。这似乎是善意的谎言，但是孩子们相信吗？有宗教信仰的成年人相信，这样能减轻他们的悲痛。但我并不相信这种说法，我认为给孩子们心爱的宠物编造一个来生，是一种虚伪的行为。可以想象，几年后，当他们意识到我骗了他们时，他们就会抱怨："你说过我会再次见到班吉，但这不是真的，你怎么能骗我？"

但最难解释的是什么是死亡。死亡是绝对的，又是虚无缥缈的，试图理解死亡的努力基本上都是枉费。没有人能够说清楚它是什么，没有人可以理解这种纯粹的虚无。

意大利作家普里莫·莱维是描写奥斯维辛的伟大作家（我觉得他是同类作家中最伟大的一位）。他的最后一部作品是《寻找根源》，也是他最喜欢的作品选集，其中一篇是天文学家基普·索恩于1974年12月在《科学美国人》上发表的《寻找黑洞》。莱维是这样介绍这篇文章的："人类不是宇宙的中心，不仅如此，宇宙也不是为了人类而存在；宇宙是充满敌意的、暴力的、陌生的……而人类却是渺小的、脆弱的、孤独的。"那么，我们可能要问，为什么莱维会把这篇文章视为他文学人生的奠基之作？我想我知道答案。

普利莫·莱维曾被当作一名犹太罪犯关押在奥斯维辛集中营。有一次，因为口渴难耐，他伸手去够监舍窗檐上的一根冰柱，一名党卫军军官用步枪砸开了他的手。莱维愣住了，他懂一些德语，于是用德语天真地问："为什么？"这名军官回答说："没有为什么。"这句话后来成了大屠杀中最广为引用的话语之一。莱维从未忘记这个残酷却精准的回答，后来更是用它来描述整个大屠杀。为什么？为什么会发生这种事？正如阿诺·迈耶的一本关于大屠杀的书的书名中的质问“为什么天堂没有变黑”。最后，莱维说：“没有答案。或者，就像宇宙黑洞一样，问题已经超出了我们的理解范围。”

有一种想法对孩子来说毫无作用，但有时却能给成年人带来极大安慰：纵观宇宙发展史，我们人类是如此渺小、如此微不足道，所以即便是发生了纳粹大屠杀这样的人间惨剧，即便有六百万犹太人和更多非犹太人惨遭杀害，这些终将成为历史。再过十亿年也不过宇宙时间之一秒，将不再有人记得这些事情。这种想法当然无法安慰一个刚刚失去小狗的孩子，而且对一个伤心的孩子说这种话也很残忍。想想看，如果在葬礼上对着聚在一起哀悼的人表露这样的想法，也不会受到主人的真心欢迎。但“一起哀悼”给了我们启发，或许让孩子面对动物伙伴离世的最好方式就是纪念它。为逝去的动物举行一个葬礼或者一个类似的仪式，把认识它的人聚到一起，让孩子们知道悲伤的不只有自己，让他们知道这是一种美好的、高尚的、可以与人分享的情感，为动物流泪并不是一件羞耻的事。

就像为逝者办葬礼那样，也有必要向孩子们表明，动物伙伴的离世应得到重视。我要说的动物不只是猫和狗，鸟、仓鼠。沙鼠或者豚鼠，甚至是一条金鱼，其死亡都可能对孩子们产生巨大的影响，成为他们永远的伤痛，我们不应该对这样的事情不管不顾，当然，也永远不要取笑孩子们，不要对他们说“这不过是条鱼罢了”这样的话。相反，我们应该像孩子们一样，郑重地看待他们的动物伙伴。我特别喜欢读一些直击心灵的东西，例如，一首关于麻雀之死的诗，还伊丽莎白·毕肖普的《鱼》，这首诗最后几行写得很美：

“直到一切，都变成了彩虹，彩虹，彩虹！我放手，让鱼回到大海。”还有关于托马斯 · 哈代的猎狐梗威塞克斯的描述*，乔 · 伦道夫 · 阿克利的《我的小狗郁金香》**，拜伦伯爵写给他的纽芬兰狗水手长的诗***，弗吉尼亚 · 伍尔夫的《阿弗小传》及鲁德亚德 · 吉卜林的“天堂里的黛娜”，等等。

许多孩子觉得，他们跟心意相通的动物之间有着特殊的关系，可惜成年人往往不明白这一点。我清楚地记得我很小的时候养过几只不能家养的“珍贵宠物”比如，花 25 分硬币从百货商店买的几只海龟，我们后来才知道这是不对的。我不知道如何照顾这种动物，很快龟壳因缺钙而变软，它们死在了我的手中。我伤心欲绝，当妈妈的亲戚来到我家看见我流泪时，他们觉得这十分可笑，还嘲笑我，拿我找乐子。尽管那时我不满 10 岁，但我清楚地记得我对他们的反应有多么费解，我不理解他们为什么要嘲弄一个我爱的生命，不

---

* 辛西娅 · 阿斯奎斯夫人形容威塞克斯是“客人们见过的最专制的狗”。在与 J.M.巴里一起参观哈代在多塞特郡的家时，她说：“威塞克斯在吃饭时特别放纵，大部分时间都不是在桌子下面，而是在桌子上，不受约束地走来走去，从我盘子里或我嘴里抢走食物。”

** “它快乐吗？我想它是快乐的。毕竟，它得到了一条狗最迫切的需要，它把自己的心奉献给了稳重的人，用安慰满足了这些人单调乏味、平淡无奇的生活所需。”

*** 哎，也许你看到了这个简单的骨灰盒，
走吧，这里没有你想哀悼的人。
为了纪念朋友的遗骸，竖起了这些石头；
我只知道，他就躺在这里。

管这个生命在他们眼中有多么不起眼。即便在当时那样的年纪，我也知道这种做法是不合适的。这些人的反应让我看到了他们丑恶的一面。当我发现“我的”（这里的引号表明我认为我与这些动物的关系不能称为我拥有它们）金鱼漂浮在小鱼缸里而伤心哭泣时，也发生了同样的事。虽然不是每个人都会嘲笑孩子的悲伤或无视动物的死亡，但是，太多人这样做了，而这种做法给孩子带来的影响是长久的。我就是最好的例子，至今我还记得我所承受的痛苦与悲伤，既为宠物的离世，也因为周围大人的冷漠。

我希望这种冷漠多多少少能有所收敛，也希望现在的父母别再因为孩子对宠物之死感到悲伤而去责备他。

下面这个故事来自作家珍妮特·戈特金（她和她的丈夫保罗·戈特金写过一本治疗精神病的书：《太多愤怒，太多眼泪》，这是我读过这个领域最好的书）的女儿。这个故事正好契合了孩子和动物伙伴的主题。

> 那是1999年冬天，斯普林克来到了我们家，那时它才6周大，一身毛茸茸的白毛，我一个手掌就可以托住它。那年2月，我怀上了第二个孩子，同时决定去寻一只小猫来养。我们从圣达菲动物收容所领养了斯普林克，一只野猫在那里生下了它。
>
> 这些年，斯普林克见证了我儿子萨利姆的出生，见证了我和孩子们的爸爸艾哈迈德的离婚，它一直与我们这个小小的家在一起。2010年，我带着孩子们搬到了丹佛市，斯普林克也同

我们一起搬过去了，那时，我和我现在的丈夫杰米开始约会。

随着年岁增长，斯普林克得了关节炎，我们尝试了很多种药物来减轻它的病痛。在斯普林克18岁那年的1月份，兽医给它做了检查，还说它十分健康，称赞它有一身好皮毛。到了4月份，斯普林克变得更加虚弱。它爬楼时总是极为费劲，下楼找东西吃时，经常要半道停下来休息，吃完后也没有力气爬上楼去找猫砂盆。到了5月初，如果我没有及时带它去猫砂盆，它就只能在客厅地板上排便，我就得抱着它上下楼，清理它的粪便。

有一次，我们带它去看兽医，听到它痛苦地嚎叫，我们心都碎了，所以决定帮它解脱。正在华盛顿州上大学的麦玛立即订了机票回家，我前夫艾哈迈德也从圣达菲赶来了，毕竟他曾经也是斯普林克的主人。我们决定在家里送别，便预约了兽医到家里来。

那一天来临时，杰米带着萨利姆去家得宝买了一些葬礼上需要用的东西，还买了一枝花，打算种在斯普林克的墓地前。然后，他们开始为斯普林克挖墓穴。兽医是下午5点过来的。我们把斯普林克放在起居室的一条毯子上，守在它身边。但像往常一样，它领着我们到厨房里，去吃它的最后一餐。斯普林克患有糖尿病，在最后几个星期里，食物是它唯一的慰藉。

兽医给斯普林克注射了药物，我们躺在它身边，安抚它，直到它睡去。我们回忆了斯普林克的种种，它的倔脾气和它对我们家全心全意的爱。当我们跟斯普林克轻声告别时，当它离我们而去时，家里其他的猫就守在我们身后。斯普林克走后，艾哈迈德和杰米用布将它裹起来，安放在墓穴中。我们一起把土填回去，种下了纪念斯普林克的花。

当大家站在一起为我们忠诚的伙伴哭泣时，我不禁感慨，曾经的我和现在的我是多么的幸运。我已成年的孩子、我的前任、我的现任、还有我其他的猫，此刻都聚在一起，一起纪念我们这个特殊家庭中的重要一员。斯普林克在我们家添新成员的时候加入我们，这些年来一直与我们在一起，见证了家里的种种变化。尽管我们知道死亡是生命的一部分，但还是会因为死亡而悲痛万分。斯普林克的平静离世，更加证明了爱和支持多么有必要。虽然想到与亲爱的斯普林克分离总是让我伤心不已，但这次分离也让我满怀爱与感激。

你可能和雪莉·麦克雷恩一样，相信死亡只是暂时的，相信你会和你的狗重逢、团聚。毕竟，她曾说过一句很有名的话："我不知道得不到我想要的东西是一种什么样的感觉"，而她想要的就是再次见到她的狗。她相信她和她的狗前世就一起在古埃及生活过。如果你也相信有来生，你可以试着把这种观点告诉你的孩子，但如果你不相信，却要为了孩子假装相信，那就会带来很多麻烦，就像我之前提到的那样。请记住，当你遇到一个正在为动物伙伴哭泣的孩子的时候，你面前的孩子正处在痛苦之中，不管你如何看待那个动物，小狗也好，金鱼也罢，你要认识到这个孩子真诚可贵的情感，要严肃地看待这件事情，这很重要。哪怕只有一个读者会想：是啊，我从来没有这样想过，这想法多好啊，那就不枉我大费力气写出这本书。

因此，对于“孩子是否会因为宠物之死而受到精神创伤”这个问题，如果大人态度轻蔑，那答案就是肯定的。当然，你可能会说，任何一个态度轻蔑的成年人都有很多机会伤害他们的孩子。但我不同意这种说法，因为我们的文化很长时间以来都把为宠物悲伤这样的事当作笑谈，所以会不假思索地做出这样的事情。

我感到难以启齿的是，我家发生过一个最糟糕的一个示例，我的母亲曾努力丢弃我的猫。事情是这样的：我的猫布西夜晚会和我睡在一起，不知道出于什么原因，会吮吸我的睡衣，大概就在猫妈妈乳头的那个位置。我的母亲为此感到困扰。那时我 12 岁左右，所以不用担心我有什么危险。我母亲可能是出于嫉妒，但不管怎样，她把我的猫丢弃在了我们家后山靠近好莱坞天文台的地方。很久之后，我才从父亲那里得知这件事。所以当时对我来说最难过的就是，担心它找不到回家的路时会有多么恐慌，又怕它万一走错路又该多么无助。它果然回来了。后来，这件事也影响了我对母亲的感情和她在我记忆中的形象。布西被扔在了离家 8 千米的地方。我们俩都为这次重逢而高兴。当我母亲过来时，它绕着我，不愿与我分开，我能听见它喉咙里发出的凶狠的叫声，那时我还不知其中缘由。我还听说，大约一个星期之后，母亲把它带去了更远的地方，这一次它没有再回来。当时，我对母亲的所作所为一无所知，但我很郁闷。我的母亲怎么可能帮助我缓解心里的悲伤呢，悲伤正是她造成的。我觉得这种情况比布西意外离世更让我伤心，我曾在很多个夜里想，它会不会突然出现，然后爬上我的床。如果当时我知道真相，知道母亲把它抛弃在了一个很远的地方，远到让它回不了家，事情会更糟糕，因为我会想到它多么绝望、多么困惑，想到它可能会遇到危险，这些想法足以将我压垮，更不用说母亲的冷酷行为会让我多么震惊。那么温柔弱小的家伙被带进了好莱坞山林深处，太容易成为郊狼的猎物了。

当然了，我母亲真正想让她的孩子抛弃的东西是她眼中的我对动物幼稚的爱，尤其是为“区区动物”所展现的“荒谬的”悲伤。但母亲只是在与我们所处的文化传统保持一致，多么可悲啊！哲学家凯莉·奥利弗指出：对某些人而言，“爱动物就是软弱、幼稚或不理智的表现。承认自己对动物有依赖性，尤其是情感和心理上的依赖，可视作是一种精神障碍……把动物当作朋友和亲人那样爱护，说得好听是行为古怪，说得难听点就是疯子。”

当孩子心爱的动物死去时，父母最不应该做的事就是欺骗他们，比如，他们会撒谎说小动物去农场生活了。孩子紧接着会问：“为什么？”“我们什么时候能去看望它？”谎言终将会被识破，孩子们本可以自然流露的悲伤情绪也会遭到践踏。在我的故事里，我的母亲不仅自私地丢弃了我的猫，她还剥夺了我为它伤心的机会，我总期盼着它能在某个时间回来，就像上次一样。我等了又等，甚至对这个世界失去了信任。最后我的母亲不想听到任何有关布西的事情，因为这会让她感到内疚。于是只剩下我独自悲伤，而这对一个孩子来说是不公平的。每个孩子都应该被允许用自己的方式去哀悼他们的宠物，但我们也应该让他们感受到家里其他人也很悲伤，并且能同他们一起分担痛苦。孩子在面对死亡时很脆弱，尤其是第一次的时候，他们不应该独自承受。

如果我们相信，让孩子真心爱护他们的动物伙伴有益于他们的成长，那我们就必须陪他们一起面对残酷的现实。至少，要让他们知道，我们会陪着他们，永远都会。

第八章

我们应当吃素吗

我很小就发誓再也不吃肉了。总有一天，人们将视杀生如杀人，就像我现在这样。

——列奥纳多·达·芬奇

既然你已读到这里，想必你已深刻思考过当你的动物伙伴，猫、狗、鸟、马或者其他动物去世时，你感受到的悲伤哀痛。我想请你设想一下，虽然有些残忍，但如果盛入餐盘的是你的动物朋友，你会怎么办？假设今日晚餐要吃的鸡是和你一起生活了很多年的伙伴，这只鸡可能是你难过时唯一在你身边的朋友，你还忍心挥动餐叉或让餐桌上其他人给你递上鸡腿或者鸡胸肉吗？我想可能有一部分人会说“没问题”，但肯定只是少数，大多数人都不会愿意让自己的朋友出现在餐桌上。我写过一本书，书名为《望月而歌的猪》，写的是一群生活在农场的动物，它们都十分有个性，与朋友、家人、孩子和其他同伴们过着丰富多彩的生活。它们就和我们人类一样，尽其所能地生活，衣食无忧，也不会被恶意伤害。想象一下，一头猪在屠宰场看到或是听到自己母亲死了，而且它也清楚马上要轮到自己了，它该有多么惊惶，它定会吓蒙了。但这原本大可不必。

吃肉会加速我们衰老，也会加速我们星球的衰亡，这已广为人知。

因此，如果某件事对你、对动物、对我们的星球都有好处，那么做出向此徐行的决心应该不难。此处使用“徐行”一词是因为我意识到不是每个人都能立马习惯素食，甚至成为素食主义者。这通常需要一点时间，但任何朝此发展的趋势都是好事。比如说：“素食月”，整个一月都不食用任何肉类；“无肉星期一”，每周抽出一天减少肉类的摄入。所有这些举措，都是我们在不断靠近植物性饮食的步伐。我说的“植物性饮食”并不是以植物食品为主，而是只吃植物食品。不过我重申一次，只要你朝此努力，我都会为你鼓掌。如迈克尔·波伦的座右铭所言：“吃好，吃少，多吃蔬菜少吃肉”。也许应该可以改为“吃好，吃少，只吃蔬菜不吃肉。”几年前我写出这句话时，大家说我是白日做梦。但今天，全世界越来越多的人正想方设法地减少畜产品的摄入。所谓素食者就是不吃任何来自动物的东西，不吃红肉、不吃鸡肉、不吃鱼肉、不吃鸡蛋、不吃奶制品、不吃蜂蜜，也不使用动物产品，如皮革、毛皮、羊毛和丝绸。我想你懂得其中道理。这种行为并不极端，都是自然而然之事。你是否知道，牛犊刚一出生就会被带离自己的妈妈？这样母牛的奶才可以供应给人类，公牛犊一出生就会被杀死，因为它们在奶牛场没有任何用处。你又是否知道，母鸡都被圈养在笼子里连站都站不起来？这样我们才能取到它的蛋（直到最近人们才知道刚孵出来的小公鸡没有任何“用处”，所以它们一出生就会被做成宠物食品）。好吧，说到这里，你或许会决定不再食用鸡蛋或奶制品，因为你不希望成为制造这些苦痛的同谋。

如今每个人都知道，人类不是唯一能感到疼痛和痛苦并希望自己身心健康的物种。所以，大胆想象一下吧，动物也能感受到痛苦。只消看看你的狗，当它（错误地）以为你生气了并准备伤害它时，它是如何因恐惧而颤抖的。它们和我们一样会本能地逃避任何会对身体健康造成危害的状况，而死亡是最大的危害。

全世界每天大约有 30 亿只动物（加上鱼类）被捕杀变成食物。在美国，每天有 2500 万农场动物被屠宰，每年有超过 90 亿只鸡被宰杀。再看全世界一整年的数字，简直难以置信：每年大约有 3 万亿条鱼（空无一物的海洋就在眼前）和近 600 亿动物被人类捕杀进食。

谁能说这是“自然”的？是“命中注定”的？当然不是。人类吃肉的历史至少可以追溯到 240 万年以前，但那时候规模很小，且杀生过程中满是禁忌和仪式，甚至歉意。我们今天仍然可以在澳大利亚的土著部落中看到这一点，在那里杀死袋鼠是一项重大活动，不是轻易就能做到的。几乎没有人对杀死动物毫无负担，就像我们都知道屠宰场的工人承受着巨大的压力伤害任何生命都是违背我们本性的。

在写一本关于吃素的书时，我向人们询问：为什么他们没有成为素食主义者，或者说，他们为什么吃肉？因为我经常被问到为什么我是素食主义者，我觉得可以反问看看，而我收到的答复非常有意思。有时候，对方会茫然地盯着我，好像在说：“这是多么愚蠢的问题呀，我吃肉是因为每个人都吃肉。”这是很久以前的事了。现在，不吃肉的人越来越多，“我吃肉是因为别人都吃肉”这个答案正慢慢被淘汰，被其他答案取而代之了。

有时会有人告诉我，人类一直都吃肉。是的，但同样，我们也可以说人类一直都有奴隶，或虐待那些被视为他者的人，或认为男尊女卑，或坚持种族主义，等等。然而，历史上存在的事实，并不是我们应该继续下去的理由。

有人说：“这更容易。”对此我们几乎无言以对。类似的回答还有“我喜欢肉的味道”，如果问他：“你知道其中的痛苦吗？”如果答案是肯定的，我们也同样无法反驳。如果对方回答说：“我没考虑那么多。”这场争论或许更容易继续下去，可以继续问他：“考虑到种种风险，你认为这个问题值得更深入地思考吗？”对于一个没有仔细考虑过的人而言，这句话肯定会引起他的兴趣，他也许会问：“风险是什么？然后你们就可以谈有关环境、健康等话题，对我来说，最重要的是涉及动物的生命或死亡的话题。

有人会说：“只要动物曾经过上了好日子，只要人类能受益，我不介意它们迅速而无痛地死去。”但这有一个前提：我们如何定义美好生活？我们真的确信动物过的是美好生活吗？谁能决定生活是否美好？我坚持认为，谁都没有权力说别人的命不值得活下去。“迅速而无痛的死亡”主要是一种否认：我们真的不想知道在屠宰的那一刻会发生什么。

我生来就是素食主义者——这在当时是不寻常的。20 世纪 40

年代初，我的父母坚信印度教，因此他们决定让我和妹妹琳达永远不吃肉。1961 年，我去哈佛大学念书时，我发现保持吃素食太难了，于是我开始慢慢地在饮食中加入荤食，先是金枪鱼，然后是其他各类肉食。那时候，我并没有想到道德的因素，就因为那样做更容易，因为别人都在做这件事。随着时间的推移，这种情况开始慢慢改变。25 年前，当我写那本关于动物情感生活的书《哭泣的大象》，我又回归了素食主义。因为我写了动物也有和我们同样的情感，但人类还要将它们端上餐桌，这很奇怪。但我那时候还完全没有考虑到奶制品和鸡蛋。1994 年，我遇到了我现在的妻子莱拉，我们都是素食者。但那时候，我还没怎么听说素食主义或植物性饮食的事情。只有一次，当我偶遇塞萨尔 · 查韦斯时，他告诉我，他既不吃肉，也不吃鸡蛋或牛奶。但他没有解释，而我也不明白为什么。直到开始研究农场动物的情感之后，我才意识到牛奶和鸡蛋的生产过程中掺杂着多少苦痛。然后我彻底明白了，再也不能心安理得地享受会造成动物苦痛的生产成果。除非我不去想那些动物产品从何而来或如何而来，我才能继续食用。但我没法不去想。一旦知道了真相，我再也不能置若罔闻。于是，我成了素食主义者。这个过程比我设想的要容易得多，而且身心合一的生活也让自己松了一口气。如今，我成为素食主义者已经 17 年了，而且我会一直坚持。我相信要是我能够早一点把自己的爱与猫、狗以及生命中的其他动物相联结，我可能早就是素食主义者了。那么我该拯救了多少生灵啊！据善待动物组织（PETA）统计，每位素食主义者每年能拯救

198 只动物，这真是太棒啦！对肉类的需求越少，被杀害的动物就越少。如果全世界的人都吃素，那就不再会有动物被宰杀食用了。这难道不是一个值得思考的问题吗？

第九章

流浪的狗狗

勿以恶小而为之。

——中国谚语

我去过韩国、越南、日本、柬埔寨、泰国、老挝、尼泊尔和印度。在这些国家，我看到到处都是流浪狗，这令我惊讶。流浪狗真是个有趣的说法。这些狗可能比我们现在培育出来的品种更接近进化过程中的原始“狗”——当然是指外表上，但它们不是“野狗”。澳洲野狗在某种意义上是一种“野狗”，因为你不能径直走过去还期待它高兴地冲你摇尾巴。澳洲野狗可以驯服，但它们不是天生就被驯服的。而印度的流浪狗随时可以成为一只家犬。我在这些国家看到的流浪狗更像是“坐在收容所笼子里”的狗，它们等待好心人，等待被收养。“流浪狗”这个词本身主要指住在大街上的狗，它们和街上的流浪汉一样没有固定住所。但与一些无家可归的人不同，流浪狗有自己的家人，它们与其他狗一起形成松散的群体，纯粹只为享有和同类在一起的快乐，而不是像其祖先那样为了狩猎才聚在一起。让我感到惊讶的并不是因为狗狗们交了朋友，而是这些年来，我所看到的当地人对待狗的态度的转变。几个世纪以来，狗可能一直希望被人类收养，但我猜想，真正出现转变只是近 20 年的事情。

我记得，在巴厘岛时，当地人只要一看到狗（巴厘狗与其他任何地方的狗都不一样，它们基因独特，颇有几分澳洲野狗的影子），就拿棍子去打它们。那是几年前的事了。从 2004 年开始，政府允许进口繁殖犬，这造成了一个可怕的问题：巴厘犬与它们的基因遗产立即遭到了摧毁。据估计，自 2005 年以来，巴厘土著犬的数量已减少了 80%，这是因为犬类杂交，人们杀死了他们认为患有狂犬病的狗，还因为狗肉交易。2015 年，当我再去巴厘岛时，情况发生了戏剧性的变化：人们收养了流浪狗，并把它们带进自己家里，不是作为看门狗，而是出于同情，接纳它们为家人。是什么导致了这种变化？部分原因在于一个了不起的组织，创建于 2007 年的巴厘岛动物福利协会（BAWA），创始人是一位美国女性珍妮丝·吉拉德。她和我一样，对巴厘人对待流浪狗的做法感到极为震惊，她认为仅靠她个人收养流浪狗绝非长久之计。她还意识到，既然人对狗的恐惧来自狂犬病，如果能给巴厘岛的每只狗接种疫苗，这种恐惧就会消失。因此，她开始了这一英雄壮举，并取得了成功。

我遇到了一位来自新西兰的朋友，他领养了一只十分特别的巴厘犬，它会坐在我朋友的摩托车后面，看到任何感兴趣的东西就会跳下来，不管车速有多快。几小时后，它的好奇心得到满足，便会回到我朋友在山上的家。它可以从乌布（巴厘岛的文化之都）的任何地方找到回家的路，而且不管离得多远。它就是狗界形象大使，真是人见人爱。

慢慢地，珍妮丝的工作产生了显著效果：越来越多的人想要一只这样的狗，这些狗也非常高兴地成为家庭的一分子。我总是在想，为什么狗狗总是在等待等人们清醒过来，等人们意识到和一只狗生活是多么美妙，但狗狗不会变得凶猛，也不会对人类怀有敌意，它们只是耐心地等待我们清醒过来。

听起来这项运动好像十分成功。但不幸的是，事实并非如此。2008年，巴厘岛上狗的数量估计约为60万只。随着狂犬病的爆发和随后的大规模扑杀，该数量下降到约15万只。如果数量继续下降，巴厘岛土著犬将面临灭绝的危险。我们会为整个物种的消失感到悲伤吗？我们当然会，一定会。除了有组织的捕杀，每周都有数百只狗因为狗肉交易、残忍行为、疾病、机动车事故而丧生。尽管巴厘岛动物福利协会的工作非常出色，但据他们估计，每年仍有六七万只狗被宰杀食用。所以，是的，人们的态度正在改变，但巴厘土著犬仍是濒危物种。

我总在想，如果我们的文化传统不允许我们为动物之死而悲伤，或者不鼓励这样做，会怎么样？我们看到，世界各地对狗的态度发生了巨大的转变。这不是一时风尚，而是永久性的。当然，狗和我们人类在一起至少有3万年了，人与狗一直以某种方式联结在一起。毫无疑问，很多人都会为他们的狗的死亡感到悲痛。但是当他们的文化传统不鼓励或者曾经不鼓励这种情感，那会怎样呢？

部分问题在于巴厘人已经忘记了他们自己的文化遗产。巴厘岛是印度尼西亚的一部分，岛上几乎完全是印度教徒。他们的文化传统中有一个关于狗的重要故事，记载在受人尊敬的《摩诃婆罗多》

（伟大史诗《薄伽梵歌》中的一篇）中。这是一部伟大的作品，被称为有史以来最长的诗歌，有大约20万行，约200万字，是用梵语写的，成书约在公元前4世纪到公元4世纪之间。我本科和研究生都是学的梵语专业，所以我读了很多梵语书籍，对我影响最大的故事与狗有关。简单来讲就是在一场伟大的战争之后，双方所有人几乎都战死了，国王的将士们彻底精神幻灭了，不仅是对战争，而且是对整个世界。潘达瓦王国的统治者们前往喜马拉雅山，开始向天堂攀登。一只流浪狗加入了他们的队伍，虽然狗被认为是食腐动物，但伟大的国王尤迪什蒂拉对这只瘦弱的狗心生喜爱，并允许它一同前行。

国王的兄弟们和他们的妻子（他们共有一个妻子）德罗波蒂一个接一个地落在了后面，也就是说，他们被认为不配去往天堂。尤迪什蒂拉解释说因为德罗波蒂偏爱阿诸那，而她应该平等地爱她所有的丈夫，双胞胎纳库拉和萨哈黛娃太以英俊为荣了，比马骄傲于自己的强大力量，阿诸那对自己的箭术太过于自负，这些道德缺陷都阻碍了他们的天堂之路。只有小流浪狗和国王继续一路向北，只有他们留下了，慈悲温和的国王尤迪什蒂拉，他曾想尽一切办法阻止这场大屠杀，如今因为这场大战而彻底幻灭了，还有那只忠实的狗。他们抵达了天堂的大门口，这时出现了一辆战车，准备载着善良的国王进入天国。他登上战车，小狗紧随其后。但是车夫拦住了小狗，说天堂里不许养狗。尤迪什蒂拉随后发表了一篇精彩的演讲，细陈了这只狗在整个长途旅行中有多么忠诚，并表示这样的狗若不能同行，那他宁可不入天国。在这篇崇高的演讲结束时，狗现出了原形，原来他不是别人，正是山神达摩拉贾，是死亡和正义之主，他赞美了国王的仁慈和善心。

这个故事广为流传，你可能会认为听着这个故事长大的巴厘人会将这个关于狗的教训铭记于心，但他们似乎忘了，但我们并不需要《摩诃婆罗多》来告诉我们狗是忠诚的，每个人都知道这一点。所以巴厘人需要的只是稍加提醒，这正是巴厘岛动物福利协会现在所做之事。

越来越多的人正在家里养狗。我很遗憾，大多数人想要的是一只纯种狗，也许有人特指西方狗，卷毛狗、德国牧羊犬或者金黄色拉布拉多犬，好像田园犬是一种不同的动物似的。事实上，它们并没有区别。它们同样是狗，只要你投入感情，它们将成为它们本该成为的样子：为我们而活的动物伴侣，我们也将成为为它们而活的人。这是双赢的提议。

第十章

我深爱的，
都化作了我生命的一部分

我们永远也不会失去那些曾经热爱过的事物，因为一切深爱的事物都化作了我们生命的一部分。

——海伦·凯勒

和人类一样，狗在临终时会以一种异常的方式表达它们的感受。以下例子来自我身边曾陪伴宠物狗走完最后一刻的朋友们：

“它一直在竭力对抗。”

“它难以置信地看着我，好像在问：‘这怎么可能？’”

“它呜咽着，看着我，眼神凄凉。”

“它似乎释怀了，但很悲伤。”

“它浑身都在颤抖。”

“它只是叹了口气，好像如释重负一般。”

关于狗离世前的种种反应，虽然每人所讲千差万别，但每个人都表达了相同的感受：“我心都碎了。”

我们之所以如此沉痛地悼念它们，是因为我们意识到它们流露的真情实感不亚于我们自己的甚至远高于我们的情感。我们爱狗，因为它们会以爱回馈我们。我们对狗怀着深厚的感情，因为它们对我们也一样。所以我相信，很多人会自然而然地思考这样的问题：“它们会不会像我们为之悲痛那样为我们感到悲痛？”“在它们的人类同伴离世之时，狗狗是否也同样感到茫然无措？”这样的故事比比皆是。例如，日本秋田犬“八公”，每晚都在东京火车站等候自己的人类同伴，一等就是九个春秋，但对方却早已离开人世。无独有偶，2014 年，另外一只秋田犬玛莎陪同其人类同伴去西伯利亚科尔佐沃的新西伯利亚第一医院看病。它的人类同伴没能走出医院，玛莎也拒绝离开，即便凛冬来临，即便气温降到零下 20 摄氏度，甚至更低。1 年后，医院决定收养玛莎。如今，玛莎在医院里陪陪病人和临终之人，给他们带来只有狗才能给予的慰藉。当然，人与狗之间的巨大差异是：我们无法向它们解释究竟发生了什么事，也没法和一只狗理论这些深刻的情感话题。有时候，我会听到人们安慰小孩子说至少他的狗不必反过来为她的离世而悲伤。不过，养猫养狗的老人确实会担心他们的动物在自己去世后独自悲伤。尽管他们可能不会像老佛爷卡尔·拉格菲尔德做得那么极端，他过世后把数亿美元的财产留给了自己的伯曼猫“邱佩特”，他可能忘了只有人类才对钱财感兴趣，但他们的确都不希望自己的宠物偶影独游。我不大确定是否真有什么方法可以减轻猫和狗的悲伤。

但话说回来，你难道可以和人去理论吗？对于一个刚刚失去猫或狗的人，你又能说什么呢？缅怀人类逝者的那套说辞，此时也同样空洞无力。我从来都不太认同伊丽莎白·库布勒－罗斯所谓“人类悲伤分为五个阶段：否认、愤怒、恳求、沮丧和接受”。对动物离世而言，这个理论同样是有问题的。我们不会否认它们的故去，也不会为此愤怒，讨价还价也只是无的放矢。如果只是作为悲伤的同义词，那么沮丧是可以理解的。至于接受，我们还有什么选择呢？我无法领会这种分类的精义。

如同我在前文提到的一样，如何悼念你的伙伴，就像你与你的动物伙伴如何歌颂生活一样，完全是你自己个人的决定。没有人能规定你应该做什么，也没有所谓正确的悼念方式。每个人的方式都是不同的。有人可能觉得你的“极度悲伤”是扭捏作态。随他吧。有人可能觉得你需要几周才能缓过来，也随他吧。事实如何，并不是他们说了算，这是你个人的事。经过10年的弗洛伊德精神分析训练之后，我清楚地认识到，情感专家是不存在的。此处，我得再加一句，悲痛专家也是不存在的。

我认为，让整件事变得更复杂的是我们被要求（特别是对自己的猫狗）“做最后的决定”，是否对它实施安乐死。我在前文中已经谈到了这一点，但我要再次说明，这不是一个可以轻松做出的决定。即使已经别无选择，比如它们已经无法忍受病痛，而且没有减轻痛苦或让它自然结束的希望，也会让你感到无与伦比的负罪感。我同意库布勒－罗斯的一个观点：否认这种负罪感就大错特错了。问题是，事后你可能会觉得这或许并非不可避免，而且事实上，你的确可以做出别的选择。这将使罪恶感更加沉重。这就是为什么在决定结束它们的生命之前，需要经过非常慎重的考虑。换位思考可以有所帮助；如果我是它，我是否会想要现在就结束自己的生命，还是想要再给自己一些时间陪伴我所爱之人?

我先前讲过一个关于我两个儿子都非常喜欢的老鼠的故事。其中一只叫作奥拉，它的姐姐叫基亚，组合成“基亚奥拉”(“Kia ora”)，就是毛利语中“你好”的意思。在确认安全的情况下，也就是我家的猫不在时，我们任由它在家里跑来跑去，而它总是会跑进我们卧室里。有一天，它离开了，我们都很难过。那天晚上，我和莱拉正在床上看书，忽然感觉到床单被轻轻地拉了一下，那是奥拉，它正往我们床上爬。但我们才看到它，就见我们的孟加拉猫梅加拉飞速地扑了过来，一爪子抓破了它的肚子。我们赶紧救奥拉，却发现它已经当场死亡，很可能是吓死的。此时，我们面临着一个艰难的决定：直接告诉儿子们事情真相，这样他们就不用再等待奥拉出现，但可能会因此怀恨梅加拉；又或者我和莱拉就此保密。最后，我们决定不让孩子们知道奥拉的悲惨命运。虽然他们难过了很长一段时间，但我和莱拉从未想过制止他们。

尽管很难提笔写下来(实际上除了感到些许震惊外，我也不太理解个中缘由)，但我必须给这个故事补充一段后话。就像我们的儿子们一样，我的妻子莱拉也很喜欢奥拉。奥拉死掉的时候，她哭得比她自己的父亲去世时还要伤心！我想你能理解她和她父亲关系不好，但并不是，一个心理成熟且如此感性的成年女性，居然为一只老鼠的死哭得比她父亲去世时还要久，你会怎么想?

住在新西兰奥克兰附近的卡拉卡湾海滩上时，我们养了一只公鸡和一只母鸡，它们是我们动物家族的重要组成部分。这两只鸡在我写作的时候表现出十足的好奇。当我在电脑上打字时，它们会站在我的肩膀上，而且只要我一直工作，它们也会一直站在那。它们也渐渐开始喜欢与我们、小狗班吉和家里的四只猫一起沿着海滩漫步。但那四只猫会孤立他俩，因为它们的体型差不多。我希望猫和鸡之间可以产生情谊，可惜未能得偿所愿。不过，危险的是，这两只小鸡已经丧失了对狗的本能性恐惧（当然，班吉爱他们，就像爱它遇到的其他所有动物一样），所以我们担心会发生糟糕的事情。果不其然，有一天我们散步的时候，一只狗沿着海滩向我们的方向跑来，一看见我们的鸡就追了上去。它们以最快的速度跑开，但还没来得及逃进我们的房子里就被那只狗抓到了；如果不是我紧随其后把两只鸡救下，它们就死定了。好在它们只是受了伤，且伤势并不严重。不过，孩子们却对此感到非常不安。于是我们决定，与其让它们暴露在危险之中，不如给它们找一个可以在树林里自由漫步的家。我们找到了这样的家。最后听到它们的消息时，它们早已儿孙满堂。自然状态下，鸡和许多其他鸟类一样，可以活到 20 岁，它们被人类圈养时寿命短暂完全是因为我们不把它们当作同伴，而是当作食物。

我们的荷兰巨兔赫帕（毛利语，意为“约瑟夫”）是《动物老友记》中的另一成员，也同样得到了美好命运的眷顾。它也和我们还有其他动物老友打成一片。它特别喜欢我们的一只悠闲的布偶猫塔梅蒂，我们拍了无数张它们晚上依偎在一起睡觉的照片。它们熟睡时，塔梅蒂会伸出一只胳膊保护性地搂住赫帕的肩膀。但赫帕也同样不再害怕犬类，它也想和我们一起沿着海滩漫步，尤其是在晚间时分，那时游客稀少，万籁无声。问题是迟早有一条狗会注意到它，那样的话后果可不太美好。我们不想重蹈覆辙，于是最终怀着不舍的心情决定，把它送到远在奥克兰北部一家名叫“树屋”的小旅馆。它在那里过着心醉神迷的生活：白天坐在阳台上迎接新客人，晚上漫步在树林里觅食。直到有一天，我们被告知，它再也没有回到旅馆。我得说这次我们都没有感到难过，所以也许库布勒－罗斯是对的，我们处于“拒绝／否认”状态：只要认定是赫帕自己选择不回来的，我们就能从悲伤的重负中解脱出来。我们更愿意相信它没有受到伤害，正继续过着肆意潇洒的生活，只是如今，它的身边不再有人类陪伴而已。

这对我们而言还是有些难过的。在选择一种动物作为我们的人生伴侣时，我们倾向于认为它们也是如此认定的。但如果它们不这样认为呢？我认为，很少会有狗连一声“再见”都不说就离开它们认识了这么久的人类，至少我从未听过这样的传闻。但这种情况在猫身上并不少见：它们可能会选择和别人一起生活，也可能选择完全没有人类陪伴的生活。简而言之：它们会回归野外。我们在卡拉卡湾的猫米基就是如此，这件事也让我们全家都感到震惊。它是一只娇生惯养的被宠坏的橘猫，但它又近乎超然之独立。你没法命令它做任何事。有一天它失踪了。但没多久，隔栋的邻居告诉我们米基跑到他们家去了，而且一点都不愿意离开。我把它带回家，可是第二天它又跑去了那个邻居家。接下来呢。它表达得很清楚了："我要和他们在一起，不和你们一起。"据说，那户人家的男主人不喜欢猫，于是米基果断决定每天睡在男主人的枕边。一个星期以来，它每晚都被移开（礼貌用语），最后这位有恐猫症的男主人还是屈服了。它们变得很亲近，但好景不长。米基还是像突然且神秘地离开我们家一样离开了他们家。之后我们发现它已经住到几个街区以外的房子里去了。如出一辙，最后它决定不再和任何人类住在一起。住过这么多房子之后，它当然知道只有在人类的家里可以恣意地获取各类食物，但最后它还是决定独自到住宅区后的山上去生活。真是古怪的生物。但它确实让人开始思考：狗真的与众不同吗？它们是否更像我们一样离不开陪伴？与世隔绝之人当然是存在的，但我肯定这类人很稀少，所以有些狗也可能会离群索居。不过我还没有听说过这类情况。在我看来，就像我们也需要陪伴一样，狗也不会选择无人相伴的生活。正如我在上一章中所观察到的，野狗似乎都有着某种悲伤的表情，就好像它们如此生活实则出于迫不得已，它们在为自己遥不可及的生活感到深深的悲哀似的。

我所知道的一个例外是"雅典之犬"。我的一位朋友，希腊电影制片人玛丽·佐尔纳齐，制作过一部精彩的纪录片，名为《狗的民主》。影片中的狗绝对不会感到悲哀，但那是因为它们受到了亲善且和睦的对待。这些流浪狗非常有尊严。在反对欧盟给希腊人民带来危机的示威游行上，这些流浪狗就站在游行队伍的最前列，与领头人并驾齐驱。这些流浪狗受到人们的尊重与肯定。它们既不会挨饿，也不会受冻。它们有点像平行国度的名言所说的那样：走自己的路。这也是一种很好的生存方式。影片中最著名的一只流浪狗去世时，人们举行了一场盛大的葬礼，整个雅典都沉浸在对它的哀悼之中。

我并不是什么心理学的狂热粉丝（我曾经是一个弗洛伊德分析学家，但现在回忆起来恍如隔世）。而且在我看来，心理学传授的那些所谓“智慧”更像是豪马贺卡上印制的格言（这么说似乎有点刻薄）。总而言之，让我更喜欢靠在朋友的肩膀上痛哭，而不是对着一个陌生的心理分析师流泪。换言之，让我感到欣慰的是如今几乎所有心理学家都赞同的这种说法，即对表达悲伤设定时间限制是不对的。这就好像说，如果有人悲伤的时间超过了通常所谓的“正常悲伤时间”，那他就是神经质，或在某种意义上也可以说是病了。所以，从某种意义上来看，悲伤是一种疾病，每个人都会以自己的节奏度过这段时期。因此，精神学家和行为学家约翰·鲍比提出了著名的悲伤四段论：震惊和麻木、向往与追寻、绝望、重组和修复，尽管比伊丽莎白·库布勒－罗斯的悲伤五段论产生了更大的影响，但这些都只是个人对于悲伤会如何运作的理论解释，你可以不用理会。如果你感到悲伤或沮丧——就像大多数人那样，你要知道这并不是什么病态的表现。但如果这个阶段持续的时间比自己预期的要长，那不管怎么说，对他们而言确实挺糟糕的。不要让你的悲伤被他人冠以所谓“病态”的定义。那是你自己的感受，你也有能力掌控它。你可以在一夜之间摆脱它，也可以在你的余生中保留它。这是你自己的选择，和那些临床心理学家无关。除了你，没有人真正了解你对自己的猫或狗的感受。除了你，也没有任何人知道你现在的感受，所以没有人有权利评判你。没有所谓规则，也没有所谓阶段，你只需要给自己一个答案。不过此处我要阐述一个例外情况：面对失去而选择沉默从来都不是一个好主意，面对自己心爱的动物伙伴离开时尤其如此。毕竟，我们是善于讲故事的人。

如果周围没有别人，那就和你的狗聊聊吧，或者猫也行。我敢保证，无论你说什么，它们都懂你的感受。

第十一章

我不会再养宠物了，是吗

养狗之前，你无法想象有狗相伴的日子会是什么样子；养了狗之后，你无法想象没了它，生活又将如何。

——卡洛琳·柯奈

所有失去过狗的人都知道自己失去了什么，一种并不复杂的，身体和情感上的亲密关系，这种关系很难与任何其他生命共同拥有。即使面对孩子和配偶，我们也不会像对待猫和狗那样不断地抚摸他们。我所说的“不复杂”是指很少有任何含糊之处，我们不争吵，不打架，不生闷气，不会跑到另一个房间去，也不会要一个人待着。狗的注意力全部都在你的身上：如果你在写作，它就躺在你脚边，静静地等着，观察你的脸色来猜测它接下来该做什么，或者你接下来会做什么。你就是它的全世界。当然，猫则不同。只会是我们缠着它们。

因此，这种联系是永远无法取代的。那我们怎么可能再次拥有这种强烈的依恋关系呢？事实上，这是可能的。也许不能马上拥有，但最终一定会有。为什么要为你的情感需求而感到羞耻呢？请不要认为它是“替代品”，因为我们知道没有任何人或动物可以被“复制”或“替代”（克隆除外。我相信正是因为这个原因，克隆永远不会流行）。你所拥有的是独一无二的。但这种独一无二的情况会重复出现，只是方式不同而已。

与其说一些场面话，比如“再养只狗是一个非常个人的决定，没有人可以替你做决定，甚至给你提供有用的建议。”那不如让我冒昧地说：“是的！再养一只狗吧。”

但有一点要注意：领养代替购买。对你们当中许多人来说，道理很好懂。但对其他人来说，这可能需要一个简短的解释：截至2018年3月，美国已有202个城市（包括凤凰城、费城、旧金山、圣地亚哥和洛杉矶在内）全面禁止宠物店出售小狗，除非他们可以证明自己是在“拯救”那些小狗。这是因为人们已经清楚地认识到宠物店的大部分小狗都来自于所谓的“小狗磨坊”（繁殖场）。而“磨坊”这个词会让人联想到诗人威廉·布莱克的“黑暗的撒旦磨坊”，因为那里简直就是地狱。

什么是“小狗磨坊”呢？据统计，仅美国就有至少1万家小狗磨坊，在世界上其他地方还有数千家，包括我所居住的澳大利亚。网上有许多关于这些繁殖机构的视频。如果你看了这些视频，我敢保证你永远不会考虑再从宠物店或网上购买小狗。同时，美国约1.4万家收容所里大约有800万只猫和狗惨遭“遗弃”。其中，约200万只到400万只猫和狗（狗占22%，猫占45%）在收容所被实施安乐死。它们有些是因为具有过度攻击性或病得很重（通常有正当理由），而大多数情况下，是因为没人愿意收养它们。你想想，每年有3000万个家庭想要养一只猫或狗，倘若他们从收容所里领养，那么被安乐死的动物的数量可能会下降到零。因此，我们可以从这些收容所里领养小狗。越来越多的收容所选择了不杀生（截至本文撰写时，至少有 200 家，但这份名单还在不断增加），这意味着不会再将任何猫或狗安乐死，而是为它们找一个家，或者无限期地收留着，直到为它们找到家为止。在不杀生收容所工作的人之所以在那里是因为他们热爱动物。而经营小狗磨坊的人只是为了钱，爱狗并不在他们的计划当中。这些狗生活的环境十分恶劣。用来繁殖的狗基本上就像是在监狱里度过余生。这种非人道的环境就如同美国条件最差的监狱：难以下咽的食物、狭小拥挤的空间、对狱友的痛苦视而不见的所谓的照看者们。每个见过这些地方的人都一致认为小狗磨坊就不应该存在。越来越多的城市公开谴责他们并且完全禁止他们营业。

去收容所时，千万不可掉以轻心。因为你的心弦会被拨动，你会想收养所有视线所及的狗：有些狗静静地坐着，好像已经放弃了被人收养的希望；有些狗狂吠不已，片刻不停。我确信，终有一天我们将听懂这些叫声，我毫不怀疑它们是在说："我好害怕。我不知道会发生什么事。求求你，带我回家吧。让我和你在一起。让我再爱一次。没有爱我就活不下去。"我们只能想象那些可怕的想法在它们渴望爱与被爱的大脑中快速闪过。我们必须记住，这些狗的进化就是为了表达爱、给予爱、接受爱。被圈养在收容所里的生活违背了它们最基本的本性。这里只有痛苦。如果你从宠物商店买了一只狗（而那些更负责任的宠物商店是拒绝出售小狗的），你就是在延续这种痛苦。当然，如果每个养猫养狗的人都同意为猫狗做绝育手术，那就不会有那么多收容所，也不会有那么多例安乐死了。接受绝育这种安全且近乎无痛的手术之后，动物们通常恢复得非常快，并且通常在性格上有显著的改善。它们变得更加敦厚，不再那么亢奋，也不再那么具有攻击性。我们的猫总是长时间待在户外，而接受绝育手术之后，即便打架，它们身上也不再留下打架的伤痕。我知道有些人（尤其是男人）觉得对狗做绝育术是违背自然的。是的，但这确实拯救了生命。我认为兽医都不会反对这样做。把狗拴上项圈也是“违背自然的”，但这仍是必要的。所以我们必须做出一些妥协，且不管我们持有怎样的哲学。

有些人会想要某种类型的狗，去收容所就更难了，在那里他们可能找不到自己喜欢的狗，尽管他们经常会找到一只类似的狗。在这种情况下，我的第一个建议是，他们应该设法找到一个专门拯救他们想要的狗的组织。这样的组织过去很少见，但现在越来越普遍。例如，如果你想要一只灰狗，有许多团体会拯救“没人要的”灰狗（主要是那些比赛失利的灰狗），并为它们找个家，否则它们会被杀掉。我有一只狗本来是为盲人训练的导盲犬，训练中大约会有 50% 的狗不及格，我们的狗狡猾地拒绝了表演，而它这样做对我们来说是多么幸运啊。如果你真的选择去找饲养员，一定要尽职尽责地做：给去过那里的人打电话，实地参观考察，看看那里的狗是怎么养的。显然，有些饲养员喜欢他们的狗，这就是他们从事这行的原因；而其他人都是为了钱。得选择前者，而不是后者。

有些人会想收养一只小狗，而不是一只成年狗。这是可以理解的，因为这个地球上没有任何生物像小狗一样有趣。另一方面，正是由于这个原因，收容所里几乎所有的小狗最终都会有人收养。我认为建立一个不杀生的收容所是绝对必要的，但真正的问题是，这样的收容所仍然太少，绝大多数收容所最终不得不“处置”（这是个可怕的词语）不适合收养的狗，给它们实施安乐死。统计数字不容乐观：狗只有 50% 的机会活着离开收容所。在一些收容所（兽栏、救助中心、特殊目的地保护区等），这个概率只有可怕的 10%。年长的狗不太容易安置，而且它们似乎知道这一点。这是许多收容所工作人员告诉我的。因此，收养一只年长的狗是一种富有同情心的行为。参观收容所可能会造成情绪性创伤，因为所有的狗都希望有一个家，我们通常没有理由选择这一个而不是另一个，除非我们把它们全部带走，而这是不太可能的。

我刚收到一封电子邮件，来自性格倔强的凯伦 · 道恩（她供职于黎明观察，该机构提供关于动物和动物宣传的独家新闻）。我读过她的一本关于与保拉 · 皮特布尔生活的书稿。凯伦认为保拉 · 皮特布尔是典型的比特斗牛犬，因为它是一只充满爱心、对人类绝对友好的宠物，但不喜欢与其他狗相处。这一点让她很难相处，所以，凯伦在电子邮件中说：“当我准备好要另一只狗时，我走进收容所问，‘谁在这里待的时间最长，谁和其他狗相处得最好？’令人惊讶的是，我看上了另一只比特犬小闪，它只有一只眼睛，它在各个方面都与保拉 · 皮特布尔截然相反，它对人的冷漠，它对其他狗的爱，它有点冷淡的个性，还有它那古老的灵魂和极其善良的天性。”

她告诉我，小闪与其他狗相处得非常好，收容所用它作测试犬，以了解新来的狗性格如何，因为不管另一只狗表现出多大的侵略性，它都不会与对方打架。凯伦怀疑，正是由于它对陌生人类普遍的漠不关心和超然态度，才导致它在不杀生收容所待了8个月都无人领养，它给人印象太糟糕了。但它对她来说是完美的。每个收容所、兽栏或救助中心都有一只特定的狗适合某个幸运儿。

你要不要再养一只猫呢？当然。但这并不像养另一只狗那么简单，因为很可能你养了两只猫，其中只有一只不在了。嗯，再养一只猫并不总是那么简单。

幸存下来的猫可能会对新来的猫心怀憎恨，并且永远无法摆脱最初的厌恶。从这个意义上来说，猫可不像狗。狗是超社会的，是从一个超社会的物种进化而来的。猫是从相反方向进化而来的，至少“我们的”猫是这样：它们来自非洲野猫，这是一个非常孤独的物种。尽管我们对其意义并不十分了解，但我们知道，大体上，作为家猫祖先的非洲野猫彼此互不来往。但它们必须生育，而且小猫咪要和其他猫一起待一段时间，所以它们并非完全没有同类相处的经验。因此，虽然有些猫在与其他猫相处时非常随和，但有些猫——甚至大多数猫——很难做出这种转变。我确实见过数百只野猫毫无冲突地生活在一起，但观察了更长时间后，我发现它们彼此之间并没有多少联系。它们没有敌意，也不打架，但似乎都是独来独往。我可能不对，但如果我是对的，那么，猫与一个完全陌生的物种——即我们人类，如此紧密地联系在一起，这简直就是一个小小的奇迹，几乎每一个以猫为主题进行写作的人都会提到这个奇迹。至于为什么会这样，或者为什么我们如此荣幸，还没有真正的解释。

但如果你只有一只猫，而那只猫走了，那么当然，唯一合乎逻辑的事情就是到收容所去，沿着猫笼子走一圈圈。你会发现自己身处一个陌生的世界，因为我在这些地方看到的是，猫和狗一样，似乎知道它们的命运，它们会把小爪子伸到笼子的栅栏外面来，嘴里发出十分可怜的喵呜声，恳求你带它们走。因此，即使这只猫足够幸运地生活在一个不杀生的收容所里，我也不认为猫明白其中的区别，它们大多数都认为这是它们的结局，除非它们能找到一个家庭来接纳它们并爱它们。但不管它们的感受如何，我们当然应该感谢它们，不要让它们陷入悲惨的命运。我们可以看到：有些猫安静地坐着，尤其是年纪较大的猫，有点神秘地意识到它们的机会不大。它们看起来听天由命，有尊严，但也可悲。所以，如果你有一颗善良的心，可以考虑一下反常规而行，收养一只老猫吧。小猫们肯定都会找到一个家，但只有你会带着那只更难安置的老猫。它会非常感激你，会依偎在你的床上，发出一种无法解释的声音，这种声音可以治愈各种各样的疼痛，其中最重要的是心痛。所以我劝你直接去最近的收容所，带一只可爱的猫咪回家，它会给你多年的欣慰与关爱。这是一个不太可能的历史奇迹，想想猫那“孤独”的本性吧，只要想想这是多么的稀有和奇妙，你就会得到无限的安慰。

让我碰碰运气，再提一些建议：同时养两只宠物怎么样？是的，在开始的时候，这对你来说会增加更多的工作，但想想你给猫或狗带来了多大的快乐：正如我刚才提到的，猫往往喜欢独处，但如果你带回家两个新朋友甚至是已经在同一家收容所待过一段时间的两只猫，它们就不会。它们都是刚到一个陌生的地方，因此可能会呈现出最好的状态，甚至会友好相处。如果它们在一起，它们会感觉不那么害怕，很可能会立即建立联系，甚至比跟你建立联系还更早。再想想，现在美国的大多数收容所都不允许你领养一只猫，除非你同意把它养在室内。我发现这很难，因为当猫能出门时，它们会无比快乐。毕竟，它们并没有进化到可以在人类客厅里闲逛的程度。但是美国兽医协会解释说——而且几乎所有的兽医都同意，待在室内的猫要比在室外自由活动的猫长寿得多。我已经解释了原因：流浪猫经常被车撞（很少有猫有车感——狗做得更好，但它们也必须受到保护，不受这些可怕“铁兽”的伤害）。不过现在，在这件事上，不要认为你没有发言权了。美国兽医协会认为让猫到处游荡有很多危险。大卫·格里姆在《纽约时报》上发表了一篇有趣的文章，标题为“是的，你应该遛你的猫”我试过带我的老猫开车兜风，但失败了。大多数猫都讨厌这个。但这只是因为我们在它们还是小猫时没有这样做过。我经常把我的一只小猫带进车里，后来，这成了它最喜欢的活动。它看起来像一只迷你狗，头伸出窗外，耳朵在风中拍打，开心地看着车外的风景飞驰而过。我确信，让猫习惯带着项圈行走也是如此。一旦它们掌握了窍门，它们就会喜欢上，你就会被带入一个全新的世界，或者更确切地说，是猫眼中的世界。我强烈推荐这样做。我们住在新西兰的一个海滩上，每天晚上，我们家那6只猫最喜欢的就是在月光下散步。对我来说，那简直就是天堂。

现在，一只独自待在家里的猫可能不会像独自待在家里的狗那样孤独，但猫肯定会孤独，因为它大部分时间都在等你。如果有另一只猫可以玩，那就不一样了；事实上，那是一个完全不同的世界。为什么不给猫找个玩伴呢？至于狗，我一直认为，无论你多风趣好玩，你的狗和另一只狗玩总是能得到更多的乐趣。你不能像其他狗那样与你的狗追逐嬉闹。你不能像其他狗那样与你的狗摔跤。你不能咬它们的脖子，也不能让它们咬你的脖子，它们知道这一点，绝不会像对待另一条狗那样粗暴地对待你。你永远不可能成为你的狗的一切，而它可能成为你的一切。至于白天出门：好吧，不需要我告诉你：一条狗整天独自待在公寓里，而它最好的朋友却在一间无菌的办公室里工作，这是多么孤独、悲惨的生活。它只有一个想法：我的朋友什么时候回来？我还要等多久？不要相信狗没有时间感的古老神话。它们当然有。一些哲学家在毫无证据的情况下声称，狗并没有未来感。是真的吗？那么，你如何解释当你拿着它们的项圈说“谁想去散步？”时它们为什么那么开心呢？它们正期待着即将到来的快乐。因此，你让它们独自待着时，它们会敏锐地意识到时间的流逝，它们会感到无聊和痛苦。但如果家里还有另一条狗，它们就有伴了，它们会永远感激不尽的。我也强烈建议使用宠物保姆。几乎所有从事这份工作的人都喜欢和动物在一起，他们能在你离开的时候保证让动物们开心和快乐。

你还需要考虑一下被单独留在家里的猫（如果它们不能出门的话）。简言之，我们的目标是把欢乐带给独自在家的动物；否则，它们将永远体验不到动物为之进化的爱，也就是心爱伴侣的爱。猫也是如此。给猫找个伴——无论是人还是另一只猫——是一个很好的主意。因此，花更多“优质”时间与你的猫相伴吧。我们已经让猫变得善于交际了，我们有责任给他们空间来发挥。你也会从中获利的。

把另一只动物带回家的好处是，当你从收容所接它回家时，你是在帮助它过上更幸福的生活。另外，如果你正为失去一只动物而悲伤，新领养的这只动物也能帮助你从悲伤中走出来。你需要专心关注你的新伴侣，让它的生活更加精彩，这样做也会让你自己的生活变得更加精彩！

第十二章

每一个生命都应该与世界体面地告别

死亡留下了无法治愈的心痛，但爱留下了带不走的回忆。

——选自一座爱尔兰墓碑

我一直不太明白自己为何不愿参加仪式，无论任何仪式。我那如今 44 岁的女儿西蒙妮说她更希望自己的母亲（1937 年于华沙出生）庆祝犹太人的节日，哪怕只是星期五的安息日，而不仅仅是听我继续讲述大屠杀（这确实构成了我作为犹太人的身份核心），这样她就会对身为犹太人有更强烈的认同感。我如今的妻子莱拉，总是兴奋于找任何借口来举办聚会，所以她和我们两个男孩的生日会上总是欢乐盈盈。但我是拒绝庆祝我的生日的。莱拉坚持说，在我八十岁寿辰那天，她是不会让我跑掉的，尽管到时我仍会设法躲避她的地毯式搜寻。

所以，当我生命中诸多动物朋友逝去时，我没有举办过任何外在仪式，而是采用内心方式悼念它们，这便不足为怪了。我为它们哀悼，有时是深深地哀悼，但没有采取任何实际行动来加以记录。

现在我想弄明白两件事：也许西蒙妮是对的，又或许，当我心爱的动物伙伴去世时，我也本应该做一些实实在在的事情。

我能做什么呢？这其实也可以用来问你，我的读者，你做了什么，有帮助吗？

最近，《纽约时报》刊登了玛格丽特·伦考的一篇精彩文章：《被狗爱着意味着什么》。她写道：

> 想知道狗在我们的生命中会产生多么深刻的影响，只要看看爱玛的故事就行了。爱玛是只腊肠犬，它 15 岁了，但上个月不幸去世了。那时，有 3 个朋友带来了鲜花，一个带来了巧克力，一个带来了自制的草莓派，还有一个带来了烧烤晚餐和一首原创诗。另外有 2 个喜欢爱玛的小女孩为它制作了烛台。(那个 7 岁的小女孩跟她的父亲说："我需要一些水和胶水，一个罐子和很多闪闪发光的东西"。)
>
> 在我的脸书上，有 158 人留下了慰问信。

我自己也曾在脸书上联系过读者，问他们在失去自己心爱的动物伙伴时是用什么方式来进行纪念的。很快我便陆续收到了许多有趣的回复，大家反应如此迅速、如此明确，实在令我大为惊讶。似乎每个人都同意，有必要——实际上也是必须要——做一些特别的事情来纪念自己的动物伙伴。短短一个小时之内，我便收到了各种各样的做法，所有这些对我来说都很好。

在此，我举出几个例子。特里萨·麦克汉农·莱恩说：

6年前，我们的一只比格犬死于癌症。它是我们的救赎。所以，为了纪念它，在它去世后不久，我们领养了另一只需要帮助的比格犬，后来发现这对治愈我们的心灵创伤有很大帮助。几个月前它去世了，我们又领养了一只。到目前为止，我们在过去的几个月里已经领养了三只狗，其中一只让我想起了我们养的第一只狗，而且它也是8岁，心脏有杂音，所以它被别人收养的机会很低。收养另一只狗并不是纪念一只宠物的特有方式，但却非常有意义，而且很有帮助。

我也这么觉得。领养和收养是拯救一只可能面临惨淡命运的狗的一种极好的方式，而且，就像这个例子一样，这也是与你死去的狗保持联系的一种方式。

达拉·洛维茨用已故动物朋友的照片在厨房里制作了一面漂亮的瓷砖墙，还设了一个架子，上面放着所有已故动物的骨灰盒。每次经过这个地方，她都会想起那些宠物们。

还有许多人通过在森林里种树来纪念他们的猫或狗。我注意到，德国有一场运动，鼓励人们在当地森林里挂一些简单质朴的纪念品。大多数人都会在树干上挂一幅画或一张动物的照片。但如果你种一棵树，你就可以看着数长大，每次回来时，你都会由此想起你的动物朋友。理查德·琼斯告诉我他在森林里种了一棵南洋杉，那棵杉树现在和他一样高了。由此我不禁想到，在兽医诊所里实施安乐死时，重要的不仅是你要在场，而且要在针头扎入身体时将你的伙伴抱在怀里、并看着它。此时此刻，在场陪伴绝对是首选做法。

下面是我一个脸书朋友格兰特·孟席斯提供的一个最佳案例：

> 杰西是一只真正的混血狗，它的基因一部分来自边境牧羊犬，一部分来自蓝色席勒猎犬，另外还有很多其他品种的狗。像公主一样在家里跳跃、奔跑、统治了18年之后，杰西开始衰弱下来，真是令人伤心欲绝啊。它先是失了聪，然后又失明了。后来，痴呆症像黑暗一样笼罩着它。我们有一次发现它被困在餐桌下，无法从椅子腿围成的森林里找到出来的路。它日日夜夜都睡在壁炉前，无法爬上楼梯来到我们睡觉的地方——或者它以前睡觉的地方。当我们意识到留着它只会延长它的痛苦时，我们喂它吃了烤牛肉——那是它的最爱，让它站在海滩上感受大海——那是它喜欢的。然后我们带它去了兽医诊所，那里等待着它的兽医——那是我们认识的最善良、最善解人意的人。我们抱着它。当巴斯医生给它打针时，它转过头来，看着我们——它的双眼突然能看清楚了，眼神明亮，满是对我们所做之事的感激之情，但我认为这比它的离去更令我们心碎。在和我们这个小女孩又待了一阵之后，巴斯医生像抱婴儿一样把它抱走了，然后我们强打精神回到了空荡荡的家里，内心也一片空荡荡。但奇迹出现了。当我们走进屋内，我们都觉得杰西从未离开过。所有爱狗之人都知道，在狗待过的屋子里，空

气和能量都是不一样的。这种空气和能量依然还在，就仿佛杰西从兽医那里一路跟着我们回来了，现在它仍然在这里，在各个房间里来回地跳跃、奔跑。这让我想到了您问的仪式问题。我们把它一小时前喝过的水和留在碗里的食物，连同它的项圈、皮带和玩具一起放在壁炉旁它的睡垫上。一个星期以来，我们一直正常地聊着天，仿佛它从未离开过，仿佛它真的没有放弃它那疲惫而痛苦的身体。直到周日，那天早上起床时，我们感受到了一丝变化。“它走了。”我说。那天下午晚些时候，我们接到兽医的电话：杰西的骨灰准备好了，可以带回家了。

读完这个故事，我十分感动。我不禁想到，当自己深爱着的动物死去后，人们常常会有奇怪的经历：做奇怪的梦，梦里出现各种各样的东西、梦幻般的场景和莫名其妙的感觉，这些都是他们无法解释的。我相信，每当你在公开场合提到一位深爱的动物朋友去世时，你不仅会得到同情，还会听到许多非同寻常的故事。这些故事都是值得深思的。

并非所有的纪念活动都必须在宠物死后举行。我喜欢我一个老朋友的姐姐吉尔·辛克利分享的故事。她和她的丈夫在他们的狗去世前就举行了纪念活动，所以他们的狗也可以享受到这次庆祝活动。我还喜欢她多年后做的一个梦，这个梦告诉她，即便是死亡也没有剥夺她的狗享受欢乐的能力。

吉尔写道：

我们的金毛寻回犬耶勒活到了18岁，对于这么大型的狗来说，这几乎是闻所未闻的。在它18岁生日时，我们为它举办了一个派对，邀请了所有街坊邻居来参加。它多年来结交的所有孩子和狗狗都来帮他庆祝了。虽然此时它已经站不稳了，但它还是躺在车道上的毯子上，沉浸在大家的目光中。

在耶勒过完生日到最后道别之间的几个月里，我们三番五次地在心里默念“到时候了”，但它却总能振作精神。我们一直试图判断：什么时候生命对它来说更多的是负担，而非快乐；所幸的是，这一时刻从未到来。

有一天，当它再也不能从毯子上起来，甚至大小便失禁时，我们知道是时候请兽医来给它注射最后一针了。尽管它对自己造成的脏乱明显感到羞愧，但它对生活的热情丝毫未减。当我们等待兽医时，我们点了一份比萨。它最喜欢吃的莫过于我们吃比萨时扔给它的酥皮了。这次我们点了一份特大号的，不仅给了它酥皮，还给了他几整块比萨。它高兴极了！

我们一直在给它服用曲马多止痛。我丈夫罗恩不停地说“再多喂些曲马多给它”，不是因为他不忍心看到耶勒受苦，而是因为他希望这能有助于耶勒入睡，因为罗恩不忍心看到耶勒还是那么兴奋。可能现在还不到时候？但我们都知道是时候了，耶勒也知道，即使它最后还是情不自禁地享受着生命中的最后几个小时。

兽医来了之后，果然是先喂了耶勒一些让他入眠的东西，然后才给它注射最后一针。这对我来说是好事，因为这样我就可以摇着他安然入睡，然后在它真正死去之前离开房间。

此后几年里，我一直梦见它。那一连串的梦是那么的逼真，仿佛它死而复生了。尽管我知道它的回来只是暂时的，但它还是不停地在走呀跳呀、跑呀玩呀、在水里游来游去呀、开心地大笑呀。仿佛它即便不在了，也依旧热爱着生活、享受着生活的乐趣。

有时，整个社区的人都会参加心爱动物的追悼会。我现在要说的不是家养动物，而是澳大利亚昆士兰北部的一条野生鳄鱼。2019年3月，一条被认为有100岁高龄的大型咸水鳄遭到蓄意射杀。它是凯恩斯南部一个海滨小区的常客，身长近5米，以温顺著称。大家都叫他俾斯麦。那里的土著人社区将其视为“他们中的一员”，说它待在离房子这么近的地方，就是为了保护那里的人免受其他更具攻击性的鳄鱼的袭击。它经常在人们经过的河岸上晒太阳。人们喜欢它待在那里，并组织了一次公益服务活动来纪念这个“温和的庞然大物”。整个社区都参加了这次活动。

我觉得种树是最常见的纪念方式，这样就可以将我们的动物伙伴与自然环境联系在一起。莫妮克·汉森曾说：“我之前用于研究的比格犬在我们当地的一个公园里有一棵专门的树，树上有一块牌匾，我们过去经常去那里教育人们有关动物实验的可怕之处。我还把他的一些骨灰埋在了树下。”

大多数人想要的只是纪念。所以，舒沙娜·卡斯尔写道：

我们把棒棒糖埋在了前院，旁边就是我们坐的长凳，我们每天早上坐在这里喝咖啡，傍晚坐在这里和棒棒糖一起玩耍。看到它曾经休息的地方，我们就会感到快乐。如今，就在它长眠之处，我们围坐在它身旁，谈论着它曾经带给我们的美好时光。看到邻居们放在它墓前的鲜花，我们感到十分幸福。

但也有人甚至希望在自己死后还能与动物们同在。许多人的留言内容与卡伦·科因的类似：

我计划在我的有生之年将我所有动物伙伴的骨灰保存下来，然后在我百年之后将它们与我一起埋葬。没有比这更有意思的了，特别是因为在我们的社会里，人们会在人类同伴去世时举行葬礼，但当自己的动物伙伴去世时，却似乎没有任何一种类似的方式来悼念它们。当我失去我的宝贝警犬时，我感到非常失落。16年来，它每天都和我分享着生命中的每一天，但在它去世时却没有一张贺卡、没有一次聚会，什么都没有。当然，人们对它的离开感到惋惜，但对于该做什么却没有统一的标准。至于我的猫，它是我的灵魂伴侣，我一直留着它的骨灰，还把它的一撮毛放在了一个小罐子里。我还将我的一位艺术家朋友给它画的一副艺术写真挂了起来。最主要的是，我会经常回忆我们在一起的美好时光。

这提醒我们要让那些失去动物的人知道：我们了解他们的损失和痛苦。我们经常会为人类做这些，但常常忘记对动物也应如此。

奇怪的是，居然有那么多人联系动物通灵师，希望知道一些关于他们的动物在来世的事情，即便他们并不相信来世，也不相信真的能与死者交流。

凯特·霍姆斯写道：

> 我们把达力埋在了后院的秋千旁，它是一只英国古牧羊犬喜欢坐在那里的阳光下。我们在它的墓前放了一块漂亮的石头和一个小小的金属十字架。它死时，也带走了我的大半颗心。我和一个能感知动物灵魂的朋友谈过，她很会安慰人，告诉我说他的灵魂已经摆渡成功了它现在很安全。我不确定自己有多相信这种说法，但我还是很高兴听她这么说。

我认为，在这样的时刻，任何关于死去动物的好话和安慰话都会让听者心怀感恩。然而，有些人确实相信有人能够知道动物死后会发生什么——克里斯汀·斯卡尔福告诉我，大约10年前，当她的狗洛克去世时，那是她一生中最糟糕的一天。她说：

> 它死后大约一个月，我联系了一位动物通灵师。她告诉了

我一些没人知道的事情。这让我备感安慰，因为我觉得它仍然和我在一起，只不过不是实体存在的......但我所做的最具纪念意义的事情就是写了一本关于它一生的书，这对我很有治愈作用。时不时地，我会翻看一下（上周我就看了），但我还是会哭。我真的好想它啊。

许多人选择文身来纪念他们已故的伙伴。我怀疑这些人多半是年轻人。朱莉·沃德·伯格斯写道："我身上文满了文身，以此纪念我所有的灵魂伴侣。在我死后，我希望我的骨灰能与我所有宠物的骨灰混在一起。我不在乎之后会发生什么，只要我们能在一起就行。"

或者，如丹妮拉·卡斯蒂洛所言：

我把我的猫文在了身上，她是我一生的挚爱。从我读兽医学校开始，它一直陪伴着我。当我在澳大利亚攻读硕士学位时，有人把她毒死了；而我作为一名兽医，却无法为自己的猫做任何事情。我在背上文了一个巨大的文身，皮肤上传来的痛感让我感觉自己灵魂的伤痛得到了净化。

邦妮·里士满也说：

这些年来，我养过很多动物，也失去了很多宠物。我救助过家鼠，不幸的是，它们的寿命相对较短，平均 2 到 3 年，但却给它们短暂的生命注入了太多的爱。我养的一只活得最久的家鼠叫作费思，它活了 3 年 4 个月 24 天。我知道它的生日。它去世的那天是我生日的前一天。像留言中的其他人一样，我也用文身来纪念他。

最后，泰勒·泽伊告诉我，她有一只叫作杰克的宠物兔，是她从屠宰场救出来的，当时杰克还小，后来过了几年杰克就去世了，于是“我把他文在了身上”，另外她手臂上还有一张很酷的照片，那是杰克。

到目前为止，我们没有看到任何介绍是关于人类和马的友谊以及对马的哀悼和纪念。我想这可能只是因为我没有养马的经验。我从来没有和马一起生活过，我也不会骑马，也许是我错误地认为骑马很残忍吧。我认为，既然大型猫科动物是野马的掠食者，且会跳到马背上将其扑倒，那必须有极大的自制力才能让马知道骑在自己背上的人不是掠食者。要形成这样的认知，恐怕就得和大象一样：先让自己精神崩溃。我知道一匹家养的马和大象是绝不一样的。大象是被强行驯化的，而不是被家养的。因此，温和的驯马师不会对马造成精神上的创伤，而马显然对某些人是有感情的。很多人都对马有很深的感情，正如丽莎·玛丽·蓬皮利奥的分享——她在其中写下了她因为一匹马而感受到的深深的悲伤：

我想起了朗·利夫的一首诗，诗的开头是：

爱他是一种什么感觉？

我是在马术学校工作时遇到的勒贝尔。它是在拍卖会结束那天出现的，当时它看起来满心悲伤。它不肯吃东西，所以那天我忙到很晚，一直用手喂他吃，同时对自己说“不要爱上它”。我已经有了一匹小马驹，就算一周工作6天也几乎养不起他。但勒贝尔身上的某些东西触动了我。爱马不同于爱猫和狗（我两者都有）。它们既带给你挑战，也教会你很多。它们是一面镜子，让你看清楚自己是谁，让你看清楚自己试图隐藏的丑陋之事，帮助你发现之前未曾发现的美好之物。它们让你从中吸取教训。当你这么做了，它们又给予你力量，助你展翅高飞，让你能够在风暴的咆哮中保持平静，成为风暴的主人。所有这些都是需要你自己去争取的。

这并不是说我们有个好的开始。它对这个世界感到愤怒，我也对这个世界感到愤怒，我们在这件事上一直都是不谋而合的。当我更加清晰地回首往事时，我意识到我们过去的生活是多么的支离破碎。我们都曾被人抛弃过，因此我们互不信任，想将对方踢出局（有一次他差点把我踢到了树上）。但有一天，一切都恰到好处，我看到它放松了警惕、释放了自己的个性；那时候，我知道了它是一匹多么了不起的马。它是我和小马驹的支柱——稳健、强壮、保护着我们，它是那么美丽，又似夏日风暴那般狂野。它总是带着我们在海滩上和树林中疾驰，速度如此之快，我的心会因喜悦而仿佛炸裂一般，我的愤怒也因此消失。我感觉到无比的安全和自由。作为回报，我给它避难之所，也把我心中全部的爱给它。我把它带到新泽西的一个农场里，让它和小马驹以及一小群牛生活在一起。在那里，它们有 4000 多平方米草可以吃，而它只需和我在小路上散散步，到小溪里戏戏水，然后静静地站在那里，让我给它梳理鬃毛。

世界上有很多幸运儿，而我是其中之一。勒贝尔陪伴了我 15 年有余，活到了 35 岁。在它 33 岁时，它走路开始有点僵硬，兽医诊断出它患了骨关节炎。于是我让它彻底退役了，我不再骑它，但这对它来说无异于死亡。一想到没法再骑它，我就十分悲痛。然而，这却揭开了我俩关系发展的新篇章，我俩相处的最后两年是非常愉快的。在它死前的那个冬天，它的情况变得非常糟糕：关节炎从腿部蔓延到了全身。它开始迅速消瘦，以至于几乎变了形、让人无从认出。它开始习惯在草地上躺着，一躺就要很久，即使站得起来，有时也会走路不稳。我下定决心要救它，从针灸到类固醇，我什么都试了个遍。有一个月，它确实有所恢复，但对我来说还不够。然而，随着我们受够了一次又一次的治疗，慢慢地，我开始逐渐接受了这一事实，我不再试图去救它，我所能做的只能是在最后的日子里给它足够的爱和安慰。兽医打电话告诉我，既然我已经尝试了几乎所有方法，而勒贝尔的情况还是继续恶化着，是时候做好最后的打算了。我最害怕它晚上躺下后再起来时会跌倒，把脖子摔断；但更糟糕的是，早上有人赶到时发现他还活着。这也是我第一次在他身上看到恐惧。它经常会打瞌睡。看到我或者其他马走过去，它会试着站起来。2017年7月5日，我让人给他实施了安乐死，喜爱他的人当时都陪伴在他身旁。

那天早上，我去外面草地上把勒贝尔带进了室内，我还带上了小马驹。我先给勒贝尔洗了个泡泡浴，然后用苹果酱和胡萝卜做了麦麸糊，接着坐在它身边看它吃，最后我抱着它直到兽医到来。朋友们问我要不要离开，由他们陪着。但我不能让它在别人的怀中离开这个世界。放倒一匹马可不像放倒一只猫或狗那样轻松。马重量有550千克，它们绝不是简单地往下躺，而是往下倒。尽管有一群人可以竭尽所能让它轻轻地倒下，但倒下的毕竟还是550千克的重量啊。我把它的头抱在怀里。当兽医把镇静剂推进他体内时，我感觉到它的身体在往下滑落，体重全落在了我的胸口。我还记得，听到兽医说她现在要抱住他的头、给他注射最后一针时，泪水模糊了我的双眼。当它的身体落地时，我心都碎了，就好像我世界里的所有幸福都被夺走了，它走了。之后我们带小马驹去看了它的尸体。马也会悲伤。这两个家伙15年来始终相伴相随，从未分开过。小马驹需要看到勒贝尔确实是死了的，这样才不会认为我们只是把它的老伙计送到了别的地方。在我们等待它的尸体被抬去火化时，我就待在他身边，然后让我的朋友剪下它一撮尾毛。直到今天，我仍然对在那个特定的时间送走他是否正确而感到矛盾，但我心底明白，它当时正在遭受痛苦，作为它最好的朋友，我能给它的只有这最后的仁慈和怜悯。

我想我从来没有像在那之后的几天里那样感到过如此巨大的心痛和失落。这是身体上和情感上的双重痛苦。我能感觉到我心里有个大洞。我的喉咙会哽咽，眼泪会流出来。我感觉自己一直困在悲伤中无法解脱。一想到回到马厩却看不见它就让人近乎无法忍受，但我还有一匹小马驹，当我看到它时，我发誓他看我的眼神就像是在说："我知道你现在真的很不好，过来吧。"于是我们看着草地，看向日落，就这样安静地度过了一天，

取尾毛是一项传统，我还剪下了它的鬃毛和额发。我把勒贝尔的尾毛编成辫子，和他的缰绳和铭牌一起挂在了我的卧室里。我还用它的尾毛编了一个手链戴在手腕上，这样它就可以一直和我在一起。现在，它的骨灰就在我的房子里，我还没决定好撒到哪里去。我想如果没有小马驹的帮助，我一天也活不下去。几个月后，一位前同事从她的租客那得到一匹马阿拉贡，因为这位租客——也就是马的主人拖欠了她的租金。她告诉我，尽管去骑一骑，说它非常适合我。经过一番纠结之后，我去见了它。我敢说，这匹马唯一的缺点就是它不是勒贝尔。几个月后，我同意带走阿拉贡。它帮助我从悲伤中走了出来，让我开怀大笑，让我重新体验到飞驰的感觉。当我们走在路上时，至少有那么一会儿，我感觉自己不再悲伤了。然而，当我

们经过勒贝尔最喜欢的地方时，悲伤又悄然漫上心头。于是，我给阿拉贡讲了勒贝尔的故事。

但事实上，我有时还是会彻底沉浸在悲痛之中。它离开已经快2年了。我尝试了所有我能尝试的，试图填补心中的大洞，结果这只是清空了我的银行账户。有时候，即使是只看着它的照片我也会感到痛苦万分。很多人看见我就说："但你有一匹漂亮的新马了啊！"似乎意思是说我现在应该放下了。但悲伤是没有时间限制的。心里的大洞何时能消失是没有确定日期的。几个月前，我开始寻求悲伤方面的咨询师，知道我不应该为自己的悲伤或愤怒感到羞耻。日复一日地，我强忍着悲痛，开始写一本回忆录。有时，悲伤会让我措手不及。最近，有一天，我坐在马厩里，抬眼向草原上望去，看到一匹新的枣红马正和小马驹一起闲逛；有那么一会儿，他看起来就像勒贝尔，我顿感心头一沉。我唯一能做的，就是把心一横，然后继续骑行。在我脾气不太好的时候，我会想起我们在一起的美好生活，想象着它和从他面前经过的朋友们一起在无边无际的绿色大草原上自由奔跑。最重要的是，我想起了他身上散发的糖蜜和泥土的味道。

我的朋友帕蒂·马克是一位了不起的动物保护主义者（主要保护对象是鸡，但也会保护任何其他动物，并且对那些她看见的虐待动物者表示失望），她写信给我，讲了关于一只羊的故事，我很高兴能够将这种经常被忽视的动物分享在这里：

几周前，我心爱的王子去世了。我至今都难以接受。在这之前，我从生活了36年的家里搬了出来，搬到了一个它可以随时去围场散步的地方。它是一只可爱的小羊羔，出生在屠宰场，刚两天大时就被带到了我身边。在过去的10年里，我们一直生活在一起。一位好心的朋友带着挖掘机来了，在我现在的乡下动物保护之家的前院里为他挖了一个墓穴。我儿子来了，我们一起下葬了我们深爱且尊敬的朋友。地面一填平，我就将一个大型混凝土花盆放在了那里，以此标记它的坟墓所在之地。在它的一生中，这只羊感动了数百人的心。

我很高兴看到，那些留言不仅有关于狗的，还有关于猫的。以下是朱莉·戈维根的留言：

我有过两只猫。它们都被火化了。第一只猫叫作帕迪，是只公猫，它过去总喜欢盯着溅到地板上的水，为之深深地着迷。这太有趣了，因为它对其他一切都很害怕，它真是只胆小猫。我决定把它的骨灰撒在一个湖里，那里的湖水平静无波。在它死后，又过了几年，它的妹妹宫保也去世了。宫保什么都不怕。我们带它去过太平洋和大西洋。它站在大海边，即使海浪打过来，它也不跑，所以我把它的骨灰撒在了海里。它死的时候24岁。

由此，我不禁想，每一只猫、每一条狗，当然，或许我还可以继续说，甚至每一条鱼，都是一个独立的个体，都有着自己的个性特征。“鱼？”你也许会问。是的，接下来就请看看一只河豚的故事，她与我在书中早些时候提到的一位女性结下了深厚的友谊。

如果你所见留言更多在讲狗及其个性，那可能只是因为我们与狗的关系更为融洽，因为人和狗都是非常善于交际的物种。卡罗莱纳·迈耶如是说：

> 去年，我的3只狗死了，2只死于癌症，1只死于自身免疫性疾病。我们将它们最喜欢的毯子和玩具与它们一起埋葬了。我们在墓地举行了仪式，跟它们聊天，告诉它们我们最爱它们什么以及我们最怀念它们什么。我们还大声讲述了我们认为它们做过的最有趣和最可爱的事情。在它们死后几天，我们去了动物救助中心，从处置区救出了一只狗。后来我们继续分享已故狗狗那些可爱的视频和照片。我们还会在每一只狗的忌日里为它们举行悼念会。

我喜欢“拯救死囚区里的狗”这个想法。对于回报你从自己的狗那里得到的爱来说，这个方式非常棒。分享故事似乎已成为纪念仪式上最受欢迎的事情。

佐伊·威尔告诉我说：

> 我们有一块地，专门用来埋葬我们的动物伙伴。在每个墓上，我们都会放一块大石头，在石头上刻上它们的名字和其他重要信息。在埋葬它们时，在用泥土覆盖它们的身体之前，我们会分享关于它们的故事，包括所有有趣的、难忘的事情，以及我们所了解的它们的来历（因为他们都是被人救来的）。仪式结束后，我们用泥土盖好它们的身体，然后种上鳞茎、花卉或灌木。我们的儿子说，永远都不能卖掉这块地，因为我们所有的动物都在这里。

起初我不明白为什么著名的动物保护主义者金·斯托伍德会跟我说："我们心爱的狗雪莉被秘密地葬在了她喜欢去的地方。"为什么是秘密花园呢？我不明白。我不认为狗有秘密（即使他们永远不会说出心里话），后来看了我另一个脸书朋友写的下面这个故事，我突然明白了：

> 在我8岁的时候，我们全家去度假时，我最好的朋友歌利亚不见了，我抓起一块石头，把它的名字刻在了上面。我把这块石头带到了我们住的下一个地方，给它建了一个隐蔽的花园。我猜这些故事是我们每个人心中的秘密花园。

这个我懂。

要不是老朋友杰里·查加拉托斯告诉我，我还不知道佩吉·古根海姆的坟墓就在以她名字命名的威尼斯博物馆，旁边紧挨着她那14岁的拉萨犬的坟墓。

有人趁此机会让自己的生活发生了重大改变，我认为这是一个很棒的想法。安德鲁·贝格写道："当我的猫被汽车撞死时，我发誓要戒烟。我一直都知道，吸烟是对他的一种侮辱和不尊重。那是13年前的事了。自那以来，我从未动摇过。"

加里·洛文塔尔写信给我，说他的猫迈克也改变了他的生活：

> 因为它，我成了素食主义者和动物保护主义者，甚至转变了自己的职业道路，来专门从事这项工作。在遇到它之前，我从未想过要替动物考虑。
>
> 迈克太讨人喜欢了。它喜欢吃东西，但当我进门时，它一定会停下晚餐、朝我跑过来。我每天都会给它系上挽具和皮带，和它一起散步。我有了一种全新的方式来看待我们的院子。5年前，它去世了。从那以后，每天离开家门前，我都要花30秒钟，默默地感谢它，感谢它打开了我的眼界，感谢它所做的一切，感谢它赠予我的礼物、让我得以了解它、爱它并得到它的爱。很多在脸书上给我留言的人都提到，正是对他们的猫和狗的了解，才使他们才成为动物保护主义者，也往往成为素食主义者。

其他人虽然没到这种程度，但还是做了一些非同寻常的事情。比如我们的新西兰老朋友雷切尔·威尔逊（她既是助产士又是名针灸师）说：

我是在家里送我的宠物离开的，就像当初我们在家里生孩子一样。我们希望我们的狗狗库里能在家里平静地死去。我们喂它吃了急救花精，然后把它抱到床上，兽医再让它平静地入睡。奇怪的是，路边的狗也过来坐在我们房子底下狂吠。”

有些故事过于离奇，但我很愿意相信那是真的。以下是世界动物保护协会创始人乔伊斯·德席尔瓦举的一个例子：

我有 2 只猫，它们是一对兄妹。妹妹死后，我把它埋在了我花园里，就在车库边的一堵大白墙下。第二天，我在外面看见它的哥哥查理正盯着这堵白墙，好像在看什么，只是那里什么都没有，没有植物，没有蝴蝶，什么都没有，但它一动不动地待在那里，盯着看了好一阵子。

另一个反复出现的故事似乎是将自己的骨灰与宠物的骨灰混合在一起。奥黛丽·施瓦茨·里弗斯写道：

我们的狗和猫被火化后，我们将它们的骨灰放在了漂亮的骨灰盒里，有木制的，也有玻璃制的，并将骨灰盒安放在我们客厅里的一块专属区域。根据我的意愿，它们的骨灰将来会与我的骨灰混一起，然后一起撒在一个特殊的地方。

我不知道为什么，一想到要让兽医给动物实施安乐死，我就感觉很讨厌，但我确实觉得这种方法更好。金妮·基什·梅西娜告诉我，多年来她已经告别了 16 只猫，它们都是在家里接受安乐死的：

一大罐猫的骨灰就放在我的办公室里，旁边放的是一尊圣弗朗西斯的小雕像和一组蒙太奇照片。为了纪念它们，我总是向我帮助建立的一个流浪猫组织捐款，这些猫有很多正是通过这个流浪猫组织找到我的。

总的来说，每个人似乎都同意凯利·卡森和我说的这句话："通过某种仪式来让你的悲伤有所寄托是至关重要的。"是的，这说得很对。举办仪式可以让他们看到你多么在乎他们，至于仪式为什么很重要，戴夫·贝纳扎尼是这么说的：

我们住在加州拉斐特公寓大楼。这里有一只社区猫。大家都很喜欢它，叫它"布朗尼"。它是一只帅气的暹罗猫，但被这里的一位房客抛弃了。当我们住在那里的时候，它过着国王般的生活，从一个房间走到另一个房间，在多个家庭里吃饭、睡觉，喜欢住哪里就住在哪里。它学会了爬上我们二楼的阳台，进入我们的房间和我们的两只母猫一起小睡一会儿。这两只母猫比我们更喜欢他。有一天我正在工作，布朗尼却在停车场不幸被车压死了，一群住户把它埋在了公寓楼院子里一个安静隐蔽的角落，在它的坟墓上摆上石头和鲜花，甚至还加上了一些夜灯。我为我的妻子和其他住户做了一条小长凳，当他们想念布朗尼时，就可以在那里坐一会儿。

他在留言后附上了一张好看的长凳照片，长凳前面是漂亮的彩绘石头。

现在，一些教堂每年都会举行祝福动物的活动，人和动物都可以参加。苏珊·波尔图是这一活动的组织者，她告诉我："这项活动已经持续了11年，很多教堂成员和非教堂成员都会积极参加。这项活动的与会者会应邀谈谈他们逝去的动物伙伴。在过去的11年中，有许多故事都给在场众人带来了泪水、欢笑、灵感和永恒的回忆。"

最后，素食主义者安妮满怀真诚地写了一篇博客，是关于她的宠物猫"小猩猩"的，我想在此分享一下：

上个星期二，我那心爱的、曾经那么争强好胜、故意惹人发怒的小猩猩就躺在我们床上，现在它大部分时间都是在床上度过。我和它一起躺着，看着他的眼睛。在那一瞬间，我知道它已经放弃了。康复的决心消失了。我的心沉了下去。星期三下午，兽医们为它的苏醒做了最后的努力之后，我接到了一个电话，电话里传来了我最不想听到的话。

没有希望了。

我让他们准备一个用来实施安乐死的房间，并告诉他们我正在路上。当我到达兽医诊所时，有人立即把我领进了一个房间，那里有一张柔软的床和一支小小的蜡烛，还有能让小猩猩彻底解脱的注射剂。一名技师体贴地抱着它走进房间，然后把它放在那张临时搭建的小床上。其他人都出去了，留下我独自一人，向那个给我带来如此多欢乐的小男孩道别。我把它抱起来，搂在怀里，看着它的眼睛，感谢它，告诉它我爱它、我会永远记得它。它回看着我，艰难地吸了几口气，然后死在了我怀里。

我在一个盒子里垫上毛毯，把小猩猩放在里面，把它带回家，然后把盒子放在我们的床上，它一直喜欢睡在那里啊。当我丈夫回到家，我们把小猩猩埋在一个它常坐的地方。我给它戴上了项圈，并在墓前放了一张小纸条来提醒今后可能路过墓前的人。我想让他们知道：这里躺着一只猫，它有一个有趣的名字和一条更加有趣的尾巴，我们爱它，它也爱我们，它是一只活的最充实的猫，他对我们来说是很重要的存在。

在我看来，长期坚持为你心爱的动物做一些美好的事情是我们能做的最好的事情。举办仪式并不意味着要取代为动物们创造一个更好的世界；相反，这实际上更有助于长期坚持这么做。

尾声

再见了，我的崽崽

在写这本书的过程中，我与很多人谈到他们的宠物离世，听到太多人说过这样的话：“我压根不知道会有怎样的悲伤，我根本想不到会如此悲伤。”甚至有许多人说：“我从来没有这样悲伤过，就连父母去世都没有。”“悲伤汹涌而来，我毫无招架之力。”“在那之后几个星期，我根本无法工作。”

我家的老朋友马特·梅斯纳写信给我，讲述了他的狗里安农去世时他的切肤之痛：

> 我觉得最难受的事，是里安农死了。它是你能想到的个头最小的柯基，但脾气火爆，个性十足。它非常聪明，可谓人见人爱，因为它总能把控全场，引人注目，逗人开心。当我带着它遛弯的时候，我心里总有一种非常强烈的感觉，但我从来没说过，我觉得它这样消耗精力，很可能会活不长。它是最耀眼的光，但才 9 岁时，它被诊断出患有血管肉瘤，这是一种转移很快并且往往会很快致死的血癌。它是睡我身边溘然离世的，

但它的死亡是唯一一次不由我们决定的，我相信这是它自己的决定。在它死后，别人的狗都没有靠过来，因为它已经和他们交流过，它们知道它要离开了。我非常难过，每一次呼吸都透着痛苦。连续几个星期，我总是不由地叹气，无论在哪都会情不自禁地呼唤它的名字。有时候，我觉得周围的人肯定以为我疯了，因为人在悲伤的时候，会对周围的一切浑然不觉。随着时间的推移，它们就像其他人一样，成为你的一部分。这并非说它们活着的时候就不是你的一部分，而是说你此时完全沉浸其中。当它们离开后，你会不断反思它们对你究竟有多重要。

他还说："我觉得要让人知道，强烈的悲伤是我们与宠物之间爱与被爱过程中的一部分，这一点很重要。但当你经历这个过程的时候，如果因为它们不是人类，因此觉得不用感到愧疚或自我贬低，那也没错。"

他说得很对。我想，许多人会对他们所感受到的悲伤如此之广、如此之深而感到震惊，因为我想，他们可能甚至自己都不知道，他们已经被"它们毕竟只是动物"的观念所同化了。这种观念在我们社会中已经根深蒂固，故而人们很难不被这种错误的信念所毒害。

也许正因为此，他们还未意识到这种感情究竟有多深，而那只能在死亡来临时才能感受到。一个人竟只能从死亡中感受到爱，这虽然很奇怪，但却是事实。

我们与另一种生命形式竟能如此亲密和熟悉，这是一个永恒的奇迹。这个奇迹现在是而且可能永远都是一个谜。我们无法解开它，但我们可以享受它。

但正是这种亲密关系让我们心碎。因为最终，几乎所有动物伙伴都会这样：在我们远未准备好之前，早早地离我们而去。这就是为什么我在本书中经常提到小孩子。这些动物都是孩子们的替代品，不过我并没有任何消极之意，因为这种情况非常普遍——例如，一对夫妇出于种种原因决定不生孩子，于是将自己深厚的感情倾注到猫、狗或鸟身上。所以有人会会心一笑，说动物代替了孩子。但这肯定是不对的。只要想想那些养动物的幸福家庭，我们就会发现，动物只会提升他们的幸福感。你不需要为爱找借口，谁都没有权利告诉你，你选择倾注感情的动物对你而言并不合适。当然，无论如何，只有你才能决定谁能接受你的爱。

当曾经占据你生命中一部分的伙伴离去时，只有你才能决定要为之哀悼多久、多深。这同样适用于孩子、配偶、亲属、任何人类朋友和动物朋友的离世。如果一些“不养宠物”的人告诉你“已经够了”，你大可置之不理，或者更好的做法是教育他们，或者再好一点的做法是送他们一只小猫或小狗，看着他们的生活慢慢改变。

我有一个很好的朋友，他是伦敦的心理学教授。他和他那聪明的妻子都觉得，动物只是令人讨厌的东西，完全不必为之费心费力。但现在，19 年过去了，我会定期收到他们寄来的小狗照片，他们为之倾注了无限的深情。当悲伤时刻到来时，谁都不会再说这是错的。

在我们为失去动物伙伴而悲痛时，“动物让我们成其为人”，坦普尔·格兰丁将其用作一本书的书名，我也在与野生动物摄影师阿特·沃尔夫合著的一本书《狗让我们成为人》中想到了这句话，这句话可谓再真切不过了。我之所以这样说，是因为我确信情感是我们存在的核心，因为情感，我们才能为动物伙伴或任何动物的死亡而悲伤，甚至对陌生动物也是如此。极小部分人会为我们日常食用的动物哀悼，当他们看到一辆卡车将动物送往屠宰场时，他们会感到深深的悲痛，就像其他人在“我们的”动物死后所表现出的那样，如果这样的人占大多数，那世界将多么美好啊。动物的死亡让我们内心的情感得以释放，而我们可能甚至不知道自己曾经有过这种情感。这就像是动物给我们的礼物，让我们接触到自己最深层的本质。有人向我描述过，当他们的动物朋友去世时，他们感受到的唯有悲伤，仿佛心中有了一些他们不知道的情绪。有人告诉我：“它（悲伤）就那样喷涌而出，一波又一波，我很惊讶。我当然爱我的狗，但我从没想到会如此悲伤。悲伤占据了我的生活。我非常感谢我的朋友，他们从不嘲笑我，他们对我只有同情。”

多年来，我一直在想，狗是否知道自己的生命即将走到尽头？还是它们把所有的情感能量都集中在了我们身上？当看到它们最后一次舔它们的人类朋友，最后一次朝着它们在这个世界上最好的朋友摇尾巴时，试问此情此景谁能忍住不哭呢？

写完这本书后，我确信：狗确实知道自己的生命即将走到尽头，他们对死亡是有概念的，他们会思考死亡，或者更确切地说，它们能够感觉到死亡。但我们永远不会知道它们到底是怎么看待死亡的。

我是因为一个梦开始写的这本书，我也可以用另一个梦来收尾。那是一个美丽的春天，我和班吉在柏林的一片树林里散步，这时我们遇到了一场葬礼。我们加入了送葬队伍，来到一座墓前。看到有人正在把一具棺材放进墓穴中。棺材似乎是开着的，所以，出于好奇，我走上前去，看到里面躺着班吉和我。

我想这就是我的感受：班吉死后，我也有一部分会随它而去。当我写下最后这几行文字时，班吉还在，14 岁了，对于一只心脏有问题的拉布拉多犬来说，活到这个年纪算很老的了。它的问题是：要装下全部的爱，它的心脏必须要大。

著名作家洛莉 · 摩尔的《美国鸟人》一书中有一则短篇小说，讲述了主人公艾琳在她的猫伯特死后神志不清的故事。她与伯特共同生活了 10 年，比跟她丈夫生活的时间还要久。她不停地回想起伯特曾经做过的那些让她开心或感动的事："有一次我在找钥匙，我喊了一声：'我的钥匙在哪里？'它立马跑进房间，以为我在说：'我的小猫咪在哪里？'"她的丈夫杰克丝毫不怜悯她，还坚持让她去看精神科医生。她犹豫着同意了，但当她去见精神分析师时，她对自己的丈夫说："得了，忘记百忧解（一种抗忧郁药物）吧，忘记弗洛伊德对引诱理论的摒弃吧，忘记杰弗里 · 马森吧。"想象一下，当我第一次读到这个故事时，我是何等惊讶。然而，我完全同意艾琳的观点，宠物的死亡并不意味着要对自己进行理性探究和心理分析，当然也并不意味着自己需要药物治疗，无论是用处方药还是其他物质来抑制自己的情绪，都不需要。

当你悲伤时，无论悲伤程度有多深，悲伤时间有多长，无论你的悲伤对象是谁，狗、猫、鸟、马、羊、鸡、金鱼、袋熊、鳄鱼……你都是最了解自己的悲伤的人，是唯一有权决定悲伤何时结束（如果会结束的话）的人，你不需要从那些认为他们比你自己更了解你的情绪的人那里获得专业帮助。统统都不需要。事实上，对于爱或悲伤，或任何使我们成其为人的重要情感问题，都不存在任何专家。你只需要家人和朋友的爱与支持。如果猫、狗和其他动物能让我们感受到这些深沉的情感，那么它们就成功地让我们更人性化了。这是我们能遇到的最好的事情。所以，我要告诉你们：珍惜与动物伙伴共处的时光吧，当离别到来的时候，用你想用的方式好好告别吧，赞美它们的生命和它们赠予你们的礼物吧。

后　记

2019 年 8 月 1 日，班吉走了。

之前，伊兰要去巴塞罗那待 6 个月，但班吉的身体状况不适合出行，它几乎不能走路，更不能上下楼梯。于是，莱拉找到了住在巴伐利亚的表妹，她在阿尔卑斯山脚下经营着一个儿童收容所。两个月前，伊兰开车把班吉从柏林送到了巴伐利亚，然后一直等班吉习惯了新家后才离开。班吉的接受速度很快，更重要的是，那里的每个人也都接受了它。它很快成为每个孩子哭泣时依靠的臂膀（这些孩子是因为家里困难而被送到了那里）和他们夜间玩耍时的伙伴。班吉很想走路，但它觉得越来越难以做到。它躺在阳光下，大家都来看它。就在它去世前一周，莱拉和伊兰也来了。它显得十分犹疑，带着一丝困惑，好像在说："这些人是谁呀？我好像认识呢。"之后它突然反应过来，立马朝他们冲了过去，接着一连三天都寸步不离。它不停地舔他们，温柔的脸上洋溢着幸福的表情。可以在伊兰拍的照片中看到，班吉看起来超级放松且无限满足，脸枕在伊兰的大腿上，这是它最喜欢的姿势。它给人一种重新焕发了活力的感觉，看起来十足警觉，精力充沛，甚至还绕着湖走了很长一段路。它非常高兴能再次和家人相聚。很明显，它对家人曾离开它并未怀恨在心。它喜欢它的新家和新朋友。它有一种天赋，无论身在何处，只要身边的人喜欢他的陪伴，它就会给他们满满的爱。因此，谁会不喜欢它的陪伴呢？

但在昨天，莱拉的表妹打电话给她以及还在西班牙的伊兰，说班吉很是不好了：它的身体正在迅速恶化。它站起不来了，似乎极为痛苦。它看起来很糟糕，所以她们打了电话给兽医。兽医到了，说它的肺和肝脏积满了水。兽医和莱拉的表妹，还有班吉的许多新朋友，把它带到草地上，喂它吃了一片安眠药。当它安静地打着鼾时，兽医把它放了下来。它没有任何的感觉。它被葬在了草地下。在这里它可以俯瞰整个农场。班吉给这么多人带来了这么的爱，这是它给大家的特别礼物。它无法停止去爱，爱每个人和每种生物。它喜欢人，喜欢鸟和松鼠，甚至喜欢小老鼠。没有任何有感情的生物是班吉不喜欢的。他们也同样喜欢它，因为它天性温柔善良，富有同情心和怜悯之心，这些都是从它身上散发出来的。对于那些极其爱它的人来说，它有一种特殊的魅力。我和马筝在悉尼得到这个消息后，抱头痛哭。但我们都非常高兴，因为就在一周前，莱拉和伊兰陪他一起度过了最后的时光。它似乎是在等待他们的到来，然后才让自己沉入巨大的未知世界。如果那里有什么，我知道他们会因这份真爱而深受祝福，因为他们能拥有这只给人真爱的生物。

致　谢

本书献给我的儿子伊兰。感谢他和我的另一个儿子马努，是他们让我的生活变得丰富多彩。除此之外，我还非常感谢他带着班吉在柏林生活了两年，给了班吉应得的爱，而他自己也得到了班吉的特别的爱。我特别希望小儿子马努也能如此，他几乎一生都和班吉住在一起。他是多么温柔、多么善良啊，至少与动物们相处时是如此。

我要感谢我的老朋友安迪·罗斯。我认识他的时候，他正经营着伯克利电报街上那家颇具传奇色彩的科迪书店。现在，他是我的文学经纪人。他是我认识的唯一一个会秒回电子邮件的经纪人！而且，他还有另一种卓越品质。正如我的好朋友丹尼尔·埃尔斯伯格所说："杰弗里，你从没说过，安迪竟然这么有趣！"

我特别感谢我的妻子莱拉，谢谢她阅读了全书并一如既往地提供了真知灼见。过去 25 年来，她一直是我生命里的光。我的一切都亏了她。

我还想感谢我深爱的女儿西蒙妮。她从小到大养过许多猫和狗

(由此还差点成为一名兽医)。看到她与动物们之间如此美妙而重要的情感，无疑是激励我写作动物情感的主要因素。

克莱尔·沃兹沃斯是我们家的老朋友，也是一名编辑。她住在法国南部，养了一大群狗。她阅读了我的手稿，提出了许多有用的建议。而最重要的是，当我觉得无法继续时，是她激励着我继续坚持下来。

珍妮·米勒几乎读过我写的每一本书，并做出了点评。本书也不例外。我们都喜欢狗，且都不喜欢精神病学。更何况，她的评论总是充满智慧且一语中的。我非常感谢这些年来她给予的一切帮助。

很多人分享了其动物伙伴的精彩故事，我不可能在此一一感谢。我很高兴有这么多人愿意分享他们的故事、他们的悲伤，以及他们对不同动物的爱。我也从很多关于猫、狗和其他动物的精彩书籍中学到了很多。此类书籍正越来越多，这证明了一个事实：我们才刚刚开始发现“他者”的奇妙之处。就在今天，我刚读完了西格丽德·努涅斯的巨著《我的朋友阿波罗》。这部小说获得了2018年的美国国家图书奖，讲述了一个女人和一只狗之间的深厚友谊（其实是爱）。这在几年前很可能是令人无法想象的。我向所有动物爱好者强烈推荐这本书。

我们这些爱狗、爱猫、爱鸟的人都明白，其他人对通常不被视为宠物的无数动物也有同样强烈的感受。我想起了我的朋友大卫·布鲁克斯和泰娅·普里巴克。他们住在悉尼附近风景优美的蓝山。那里田园诗般的环境中，一同生活的还有一些获救的绵羊。对这些绵羊，他们也怀着同样强烈的爱。泰娅刚完成了一篇优秀的博士论文，我从中明白了一个事实：动物和人类一样能感受到悲伤。

在写这本书的时候，我每周都会和了不起的布莱恩·谢尔曼吃一次午餐（他的女儿翁蒂娜也同样了不起，他们共同创立了动物权益组织“无声”），每次都来一起吃饭的还有小狗“奇迹”。他总是与布莱恩寸步不离，现在更是如此，因为“奇迹”知道布莱恩并非一切顺利，于是更坚定地要和最好的朋友在一起。这给了我灵感，帮助我更深层次地思考本书的主题。

我最深怀感恩的是，在我的一生中，我得到了无数的猫、狗、鸟，甚至老鼠、鸡和兔子的爱，这些爱丰富了我的生活，我甚至找不到词语来形容。

最后，我必须提到圣马丁出版社的优秀员工。首先是极有耐心、极有才华的丹妮拉·拉普。有她做我的编辑，我之大幸。在她推动下，我拓展了之前的计划，补充了一些内容。幸运的是，我现在可以看到，这些补充为本书增色不少。谢谢你，丹妮拉，是你拓展了本书的视野。其次，还要感谢她的各位助理：大卫·斯坦福·伯尔、马特·卡雷拉、艾丽莎·加梅洛、卡西迪·格雷厄姆、布兰特·简威、埃丽卡·马尔蒂拉诺、唐娜·内策尔、欧文·塞拉诺和文森特·斯坦利，谢谢你们鼎力相助。

晚安，宝贝，

永远爱你。